I AM DOER!

_____

멍뭉夫

READ ⓥ JOIN

모임의 기술,

서준원, 김소연 지음

**작은 모임에서
다시 찾는 커뮤니티로!**

LBCC
**레이지버드커피클럽의
남다른 디테일 전략.**

READ DO

좋은 연결이 좋은 성장을 만듭니다.

좋은 모임이 좋은 커뮤니티가 됩니다.

사람들이 다시 찾는 모임은 무엇이 다를까요?

√ 흔들리지 않는 모임 운영 원칙이 있습니다.

√ 결이 맞는 사람들을 모으는 타게팅 전략이 있습니다.

√ 편안한 공기를 만드는 모임 당일 응대법이 있습니다.

√ 좋은 대화를 이끄는 모더레이터가 있습니다.

100번의 모임을 하는 동안
2,000명의 사람들이 다시 찾은 그곳
레이지버드커피클럽LBCC의
노하우를 소개합니다.

지인들의 대화 모임에서 시작해
일과 삶의 균형을 찾는
'중니어' 커뮤니티로 성장한
LBCC의 모임 운영 전략,
그 남다른 디테일을 하나씩 만나보세요.

모임

Preview

김재윤 위어드벤처 대표, 실무 리더들의
자기성장 커뮤니티 HFK 파운더

혼자 성장하는 사람은 없습니다. 혼자서는 멀리 갈 수도 없습니다. 하지만 함께라면, 서로에게 배움을 주고받으며 더 멀리 갈 수 있습니다. 커뮤니티는 바로 그 '함께'의 힘이 실현되는 공간입니다. 같은 관심사로 연결된 사람들이 모여 이야기를 나누고, 지식과 경험을 나누며, 함께 성장해 나가는 시간. 그것이 커뮤니티의 존재 이유입니다.

커뮤니티를 만든다는 건 단순히 모임을 운영하는 일이 아닙니다. 신뢰를 쌓고, 지속 가능한 흐름을 설계하며, 사람들이 자발적으로 참여하고 싶은 문화를 만들어가는 일입니다. 때로는 어렵고 더딜 수 있지만, 그 안에서 얻는 기쁨과 배움은 무엇과도 바꿀 수 없는 가치입니다.

『모임의 기술』은 커뮤니티를 만들고자 하는 이들에게 실행의 기술을 넘어 방향과 철학을 제시합니다. 나의 기획이 누군가의 일상이 되고, 나의 경험이 누군가에게 기여가 되는 놀라운 순간들. 그 여정을 믿고 첫걸음을 내딛는 분들께 이 책은 든든한 동반자가 되어줄 것입니다.

Preview

정혜윤 다능인 커뮤니티 '사이드 프로젝트' 대표, 《독립은 여행》 저자

회사를 다니며 시작한 사이드 프로젝트가 2년 동안 100번이 넘는 모임으로 이어졌다. 누구나 한 번쯤, "우리끼리 이런 모임을 해보자"는 고민을 할 수 있지만, 그 모임이 실제로 열리고, 2년 넘게 지속되는 건 전혀 다른 이야기다.

이 책은 아주 사적인 고민에서 출발한 작은 모임이 어떻게 느슨하지만 단단한 연결로 자라나는지를 보여준다. 대단한 이론이나 복잡한 시스템 없이도, '말이 통하는 사람들끼리 고민을 나누며 함께 성장하는 일'이 커뮤니티가 될 수 있다는 것을 증명하는 기록이다.

한때 LBCC의 호스트로 참여한 적이 있다. '레이지버드'라는 이름이지만, 느슨한 시간을 지키기 위해 멤버들은 부지런히 일요일 아침을 내어왔다. 여백을 사수하기 위해 부지런해지고, 성실하기 위해 게으를 줄 아는 사람들이 모여 자연스럽게 대화가 피어났다. 이 책의 내용 역시 그런 흐름을 품고 있다.

이제 막 첫 모임을 시작해보려는 누군가에게, 이 책은 지금 가능한 작고 가벼운 시도를 응원하는 징검다리가 되어줄 것이다. 너무 많은 정보와 이론 앞에서 지레 겁먹었던 마음에 이렇게 말해줄 것이다. 거창하지 않아도 괜찮다고. 그걸 계속할 수 있다면, 그 자체로 충분히 대단한 일이라고.

PROLOGUE
게지런하게 시작된 이야기

 '게지런하다'는 말의 뜻을 아시나요? '게으른 듯, 부지런하다'는 뜻을 가진 단어입니다. 조금 더 구체적으로 표현하자면 '누군가에게는 게을러 보일 수 있지만, 계속 부지런히 무언가를 시도하고 경험을 쌓는 것'을 말해요. 이런 말이 있는지 처음 알았다고요? 당연합니다. 사전에 등재된 단어는 아니기 때문이에요. 게지런하다는 말은 준원과 소연이 사용하기 시작하여 이제는 누적 참여자 2,000명의 오프라인 모임 기반 커뮤니티 레이지버드커피클럽(이후 LBCC) 멤버들 사이에서 통용되는 표현이에요. 우리는 특정 집단만의 언어를 갖게 되었을 때, 그 커뮤니티만의 문화가 생긴다고 생각해요. '게지런하다'는 LBCC 멤버들끼리만 사용하는 은어인 셈이죠.

처음부터 이렇게 LBCC 고유의 문화가 생긴 것은 아닙니다. 유행어를 밀듯이 억지로 주장하지도 않았고요. 그저 모임을 만들었고, 결이 비슷한 사람들이 모였어요. 게지런하게 모이고 모여 커뮤니티로까지 이어지게 되었죠. LBCC는 만들었다기보다는 시작했고, 이어졌다고 말하는 편이 더 알맞을 것 같기도 합니다. 그래서 우리는 스스로를 커뮤니티를 '잘 만든 사람'이 아니라, 계속 만들어가는 그룹의 일원이라고 말하곤 해요.

그럼 '처음부터 큰 그림이 있었나?' 하면, 그런 것도 아니었어요. 반추해보면 계획이 필요하긴 했지만, 사실상 대응의 영역이 아니었나 싶습니다. 시간이 흐르며 모임이 예상과 다른 방향으로 발전하기도 하거든요. 잘될 거라 예상했던 모임에 사람이 잘 모이지 않고, 큰 기대 없이 시작한 모임이 흥행하는 것을 보면서 모임이란 불확실성 속에서 새로운 가능성을 발견하는 일이란 걸 깨닫습니다. 그럴 때마다 모임 기획자로서 겸손해지곤 하죠. 그렇게 모임을 만들고 또 만든 지 어느덧 2년이 지났고, 이제 100회차를 넘어갔습니다. 매 주말마다 모였으니, 100주를 채운 셈인데요. 오래 했다는 생각에 자만하는 게 아니라,

이제는 호스트와 대화하며 이런 모임을 만들면 되겠다는 감이 오는 것이, 이 일에 잔근육이 생긴 것 같아 뿌듯합니다. 안목이라 부르는 잔근육들을 글로 정리해두지 않으면 금세 휘발될 것 같아 하나둘 핸드폰 메모장에 적어두었는데, 좋은 기회를 만나 이렇게 책으로 여러분에게까지 닿을 수 있게 되었습니다. 발견과 실수 조각 모음에 이야기가 곁들어 책이 되었달까요.

 '모임의 기술'이라는 멋들어진 이름에 걸맞게 모임에 대한 가장 완벽한 이론서(!)를 목표로 쓴 책은 (아쉽게도) 아니에요. 우리의 경험이 정답일 수는 없기에, 지식보다는 우리가 직접 부딪혀가며 쌓은 진짜 이야기를 공유하고 싶었어요. LBCC 모임을 왜, 어떻게, 무슨 의도로 기획했는지, 어떤 방식으로 모더레이팅했고, 그 과정에서 겪은 시행착오를 통해 무엇을 배웠는지까지 솔직하게 기술했습니다. 덕분에 모임을 만들고 운영하는 데 필요한 기술(skill)과 우리가 경험한 모임의 순간들을 기술하고 공유하는 과정을 모두 담을 수 있었어요. 쓰면서 '그때 이 생각 정말 잘했다' 싶은 순간도 있었고, '맞아, 이렇게 바뀌었지' 하고 그간 한 일을 회고하기도 했습니다. 그렇게 1년을 썼고, 이 책이 탄생했습니다.

여러분이 앞으로 경험할 모임과 커뮤니티 만들기 여정이 분명 순탄치는 않을 거예요. 하지만 이 책에서 도움이 될 만한 기술을 습득하시고, 여러분이 생각하는 모임을 만들고 커뮤니티를 형성할 때까지 무소의 뿔처럼 꾸준히 나아가길 바라요. 앞으로의 여정에서 시행착오는 줄이고 지혜를 더하는 데 도움이 되기를 진심으로 바라며, 우리의 이야기를 시작합니다.

2025년 봄,
만남을 준비하며 준원과 소연 드림

모임의 기술, 그 첫 번째
왜 만들까?

퇴사하지 않으려고 모임을 기획합니다	021
하필, 대화 모임을 열기로 한 이유	027
모임 운영은 혼자 말고 둘이서!	033
해보고 고쳐나가자는 마음으로	040
Doing Kit 파일럿 체크 리스트	048
Interview LBCC 최다 참석자 박세희 님	050

모임의 기술, 그 두 번째
누구를 모을 것인가?

왜 레이지버드예요?	059
결이 비슷한 사람을 모으는 한 줄의 카피	064
중니어에게 가장 필요한 딴짓의 시간	071
경력보다 경험이 궁금한 사람	077
Interview 모임 기획을 즐기는 취향 부자 제연주 님	082

모임

모임의 기술, 그 세 번째
어떤 콘텐츠를 제공하는가?

What?

사람들이 굳이 우리를 찾게 만드는 차별화	093
Doing Kit 모임 차별화 요소 찾기 템플릿	102
실전! 커뮤니티 브랜딩	104
Doing Kit 태그라인을 뽑아내기 위한 질문 템플릿	115
다양한 형태의 모임 시도하기	116
일요일 아침, 좋은 기분 전하기	129
LBCC 멤버들에게 소속감을 부여하는 방법	136
100번의 모임, 2,000명의 사람을 만나며 느낀 점	143
Interview 모닝 글쓰기 클럽 모임장 한희진 님	152

모임의 기술, 그 네 번째
어떻게 운영할 것인가? *How?*

LBCC 운영 원칙	161
좋은 대화의 조건	171
대화를 조율하는 모더레이터	177
허들의 미학	183
LBCC의 강점: 호스트 섭외	190
Doing Kit 호스트 섭외 시 주제 기획 가이드	202
더 나은 커뮤니티를 위해 필요한 것	204
Interview 브랜드 커뮤니티 매니저 김현정 님	210

모임의 기술, 그 다섯 번째
지속 가능한 모임을 위하여 *And Next?*

2년 넘게 계속하며 알게 된 커뮤니티의 '맛'	221
지속하려면 모멘텀이 필요해	231
팔로워에 일희일비 금지	243
윈윈을 위한 제휴의 시간	249
Doing Kit 제휴 미팅 전 체크 리스트	257
커뮤니티를 확장하는 나름의 방식	258
지속 가능한 커뮤니티를 위한 노하우	264

맘읏

모임의 기술,

그 첫 번째

Why 왜 만들까?

왜 하필 대화 모임이었을까?
그 당위는 가장 개인적인 이유에서
비롯되었습니다. 그리고 비슷한 고민을
가진 사람들에게 도움을 줄 수 있을 거란
확신으로 이어졌어요. 대화의 가치를 알고
중요하게 생각하는 사람들이 분명히 있을
것 같았습니다. 그렇다면 내가 먼저
시작해볼 수도 있지 않을까?
작은 결핍에서 출발한 생각이
하나의 커뮤니티로 확장되었어요.

목음읏

퇴사하지 않으려고 모임을 기획합니다

직업적 자존감을 지키기 위한 여정의 시작

소연의 이야기

"사회에 네 자리 한 칸 마련하는 게 생각보다 쉬운 일이 아니지? 그건 대단한 일이란다. 자랑스러워해도 좋아."

지칠 때면 가끔 지금의 회사에 합격했을 때 팀장님이 해주신 첫 마디가 떠오릅니다. 그 당시엔 체감하지 못했는데 나이가 들고 연차가 늘면서 그 말을 진하게 헤아리게 됐어요. 사회에서 나의 쓰임을 알고, 그에 맞는 자리 하나를 얻어 일을 지속해나간다는 것은 결코 쉬운 일이 아니니까요. 10년 이상 회사를 다니고 있는 선배들을 보면 존경스러움을 넘어 직업적 숭고함까지 느낍니다.

그런데 요즘은 그렇게 만들어진 한 자리만으로는 만족스럽지 않은 것 같아요. 정확히는 만족할 수 없다고 해야 할까요. 바야흐로 N잡러의 시대답게 부업, 사이드 프로젝트 등을 시도하는 사람들이 늘고 있습니다. 부족한 월급을 부수입으로 채우기 위해, 사회에서 나만의 경쟁력을 만들기 위해 등 이유도 다양한 것 같아요. 직장이 더이상 정년을 담보하지 않는 사회이기 때문이겠죠.

저 또한 그런 생각이었어요. 한 회사에서 8년이란 시간을 꽉 채우면서, 결코 낮지 않은 연차가 됐습니다. 이쯤 되면 대단한 포트폴리오 몇 개 정도 가지고 후배들을 멋지게 리드하는 분야 전문가로 성장해 있을 거라고 생각했지만, 현실은 여전히 하루하루를 버티며 살아가는 직장인5 정도죠. 그게 저를 조금씩 불안하게 만들었어요.

일 자체는 손에 익었고, 해낼 수 있는 일의 가짓수도 점점 늘어갔습니다. 하지만 그것만으로는 뭔가 부족한 기분이었어요. 나름의 방향성을 가지고 자신의 길을 찾아 이직하는 동료가 있었고, 조직에서 빠르게 승진해 최연소 팀장이 된 동기, 외부 수상으로 인정받는 동료도 있었죠. 저 빼고는 각자의 자리에서 본인의 영역을 확장해나가고 있는 것 같았어요(현재 모임을 함께 운영하는 준원도 그런 야무진 동료 중 한 명이었습니다).

스스로의 직업적 자존감을 지키기 위한 무언가가 필요한 시점이라고 판단했어요. 저는 광고대행사 AE로 일하고 있는데, AE라면 흔히 아래의 두 가지 요소 중 하나를 갖춰야 한다고 이야기합니다.

1. 기획을 기깔나게 잘하거나
2. 영업을 끝내주게 잘하거나

나는 이 두 가지에 해당하는 사람인가? 명확하게 답할 수 없었어요. '그럼 직업을 바꿔볼까?'라는 고민도 잠시 했지만 도망쳐서 도착한 곳에 낙원은 없다는 생각, 그리고 나를 둘러싼 '환경'과 '조직'을 중요하게 여기기에 애정하는 이 회사를 떠나고 싶지 않다는 생각이 컸습니다. 그리고 중요한 건, 어떤 직업을 선택하든 앞의 두 능력이 일의 근간이 될 거라고 생각했어요. 두 능력을 강화하면서 직업적 자존감을 올리고, 업무 외적으로 환기될 만한 사이드 프로젝트가 없을까 고민하기 시작했습니다.

사이드 프로젝트를 하는 사람들을 만나 시작한 동기를 물어보면 "남의 것이 아닌 '내 것'을 하고 싶었다"라는 답변을 왕왕 들었습니다. 에이전시, 인하우스를 막론하고 회사에 소속되면 '내 것'을 해내는 기분은 느끼기 어렵죠. 하나의 프로젝트에 여러 명이 붙어서 만들어낸 결과물은 1+1=10의 시너지를 낸다는 장점이 있지만, 온전히 내 것이라고 말할 수 없다는 단점도 존재하니까요. 온전히 내가 만들고 책임지는 일을 해보면 회사 업무에도 긍정적인 영향을 미칠 거라고 판단했어요. 그것이 사이드 프로젝트를 시작한 첫 번째 이유였습니다.

두 번째 이유, 사이드 프로젝트가 그놈의 '커리어 패스'라는 말에서 벗어나게 해줄 것 같았어요. 사회 초년생 때는 '성장'과 '직업적 자아실현' 같은 것을 회사에서 찾을 수 있으리라 생각했어요. 그러다보니 맡겨진 일을 잘 수행하는 것 이상으로 '이게 나의 커리어에 도움이 되는가?'에 집중한 때도 있었습니다.

고민과 방황이 한참 지속되던 시기에 우연히 MBC 아나운서이자 작사가인 김수지 님의 인터뷰를 보게 됐는데요. 그것이 관점을 바꾸는 데 도움을 줬어요. 아나운서라면 대부분 앵커를 최종 꿈으로 정하고 정진하는데, 아예 새로운 길을 찾기 위해 작사에 도전했다는 그녀의 인터뷰는 저에게 큰 울림을 주었습니다. 전혀 다른 두 직업 안에서 적절히 균형을 유지하는 모습이 인상적이었어요. 그게 직업적 자존감을 유지하는 하나의 방법이 될 수 있겠다는 생각이 들었습니다.

그렇게 사이드 프로젝트를 시작하기로 마음먹었습니다. 글로 정리하고 보니 매우 매끄럽게 해결된 것 같지만 당시에는 고민이 많았어요. 그래서 각자의 분야에서 열심히 일하는 사람들과 이야기 나눠보고 싶다는 생각이 커졌습니다. 비슷한 연차의 사람들을 만나 고민은 무엇인지, 각자 분야에서 어떤 경험치를 쌓고 있고 어떤 마음가짐으로 일하고 있는지 자극을 주고받고 싶었어요. 책을 읽고 유튜브를 봐도 해소되지 않는 고민들을 '대화'하며 풀어가고 싶더라고요. 당시 그런 갈증의 대부분은 준원과의 대화로 해소하고 있었습니다. 산책하며 이야기를 나누면 당장은 해결되는 게 없더라도 답답한 마음이 환기되곤 했는데, 그 순간이 참 좋았어요. '더 많은 사람과 함께 나누면 좋지 않을까?' 하는 생각이 들었습니다.

 모임은 기획하고 시작하기까지 큰 어려움이 없어요. 무턱대고 가까운 주변 사람부터 모으면 되기 때문이죠. 이미 어느 정도 팔로워가 있는 준원의 SNS에서 홍보하고 둘의 가까운 친구부터 모아보기 시작했어요. 이유도 단순했죠. 오랜만에 만나서 근황 토크 하자!

 그렇게 시작된 레이지버드커피클럽(LBCC). 벌써 운영한 지 2년이라는 시간이 흘러 100회의 모임을 진행했습니다. 활동 분야는 달라도 결이 비슷한 사람들이 모인 커뮤니티가 되었네요. LBCC는 모두가 대화를 통해 '정답'이 아닌 자신만의 '해답'을 얻어 가길 바라며 매주 문을 열고 있습니다!

하필, 대화 모임을 열기로 한 이유

개인적인 결핍과 아쉬움에서 시작하여 지속할 이유 찾기

준원의 이야기

'왜 하필 대화 모임을 만들었나?'를 이야기하기 위해서는 일상적 관계와 성장, 두 가지를 고민했던 지난날의 이야기를 꺼내야 할 것 같아요.

빛이 바래가는 관계에 대한 아쉬움

나이 서른을 넘기면서 친구들은 너도나도 결혼, 출산 등 꿈꾸던 생애주기에 맞는 삶을 찾아 떠났습니다. 유지

되는 관계도, 아닌 관계도 있었죠. 생각하는 대로 사는 것이 아닌 살아지는 방향으로 생각하게 된다는 말처럼, 각자의 현실을 살아가다보니 옛 친구들과 만나면 그저 과거의 추억을 이야기하는 데에 그쳤고요. 대화가 통하던 관계도 이내 뜸해지고, 잊히더라고요. 저는 '한때 좋았던' 이들과의 이별이 늘 아쉬웠어요.

시간은 성취를 주며 성장시키고, 결국 권태를 마주하게 한다

8년을 다닌 회사에서 저는 익숙하고 즐거운 매일을 보내고 있었어요. (아마도 미화된 기억이겠지만) 평화로웠죠. 하지만 일에서 느끼는 성취감이나 흥미는 점점 줄어들었어요. 내 업에 대해 견해를 갖고 이야기할 수 있는 연차가 되었지만 일에 대한 고민은 늘어갔습니다. 업무 패턴은 점차 비슷해져서 미래에 대한 기대감도 줄어들었어요. 일상에 권태라는 이름의 이끼가 끼기 시작한 거였죠.

안정감을 갖는 연차에 '집-회사-집'을 반복하다보니 만나는 사람도, 대화 소재도 뻔해지더라고요. 회사 사람들과 일이나 성장에 대한 생각을 나누는 일은 드물었고 주로 회사에 대한 푸념만 늘어놓았던 것 같아요. 물론 익숙한 것들은 마음을 안정시켜줍니다. 푸념으로 일상을 지탱하는 것도 나쁘지 않다고 생각해요. 다만 제가 거기에 지겨워졌을 뿐이죠. 이 권태감을 어찌해야 할까 고민하던 때, 제게 가장 즐거운 일은 소연과의 대화였어요. 마주하는 것이면 주제가 무엇이든 가리지 않고 대화를 나누었습니다. 권태라는 이끼를 걷어내기에 가장 좋은 시간이었어요.

다르게 살고 싶다면, 바꿔야 할 두 가지

사람은 관성에 따르는 동물입니다. 낯선 일도 하다보면 잘하게 되고 계속하게 되죠. 관성적인 삶에는 권태가 끼기 마련이고요. 지금까지와 다른 삶을 살고 싶다면, 지금까지와는 다르게 시간을 쓰거나 만나는 사람을 바꿔야 한다고들 합니다. 말이 쉽지, 어려운 일이더라고요.

1. 시간을 다르게 쓴다: 직장인으로 주 40시간 이상을 일터에서 보내야 했고 퇴근 후에는 밀린 집안일, 고양이와 놀아주기, 휴식 등으로 바빴습니다. 따라서 시간을 달리 쓰려면 아침이나 주말 시간을 활용하는 수밖에 없었어요.

아침잠이 많은 편이라 아침을 활용하기는 어려웠고 대신 주말을 활용해보자는 생각이 들었어요.

2. 만나는 사람을 바꾼다: (물론 사람마다 다르겠지만) 직장 생활을 하다보면 인간관계가 협소해질 수밖에 없더라고요. 대학생 때는 연합 동아리, 대외활동 등으로 아는 사람의 폭을 넓힐 수 있지만 회사원에게는 어려운 일이었습니다. 모르는 사람을 만나 네트워크를 넓히려면 없는 에너지를 끌어올려야 하고, 시간과 돈 같은 자원까지 써야 하니까요. 그렇게 해서 좋은 사람을 만나면 다행인데, 생각의 결이 너무 다르면 시간과 돈만 낭비하겠단 생각이 들었어요. 원하는 집단에 속하고 싶었습니다.

생각해보면 초·중·고를 거쳐 대학, 동아리, 회사 등 끊임없이 소속이 변해왔어요. 그리고 그곳에서 말이 통하는, 즉 결이 맞는 친구들과 교류해왔죠. 그런데 문득 이런 생각이 들었어요. '우리가 거쳐온 커뮤니티들은 때가 되면 갈아타야 하는 지하철 같은 것이 아닐까?' 갈아타지 않으면 안 될 것 같은 분위기 속에서 어리둥절한 채 커뮤니티를 졸업하고, 갈아타고, 이동하며 살아왔더라고요.

'그래서 지금 나는 어디에 와 있을까?'

'나는 원하는 이들과 함께하고 있을까?'

하지만 이런 질문에 명쾌하게 답하지 못했고, 오히려 더 많은 질문이 이어졌어요. 일상이 권태롭다는 이유로 모임 플랫폼에 가입해야 하나? 큰 용기가 필요했어요. 돈을 내고 원하는 모임에 가서 사람들과 친해지는 것뿐인데… 이상하게도 내키지 않았어요. 나는 새로운 친구가 필요한 걸까? 아니면 대화가 필요한 걸까? 무엇이 부족한지 명확하지 않아서인지 쉽게 행동으로 이어지지 않았어요.

고민을 거듭한 결과, 저는 단순히 네트워크 확장이 필요한 게 아니라는 결론에 이릅니다. 소연과의 대화처럼 즐겁고 깨달음이 있는 이야기가 필요했어요. 고민하는 주제에 대해 생각을 나눌 친구들이 필요했죠. 그걸 인지하니 결이 맞는 주변 사람들을 모아 진정성 있으면서도 부담스럽지 않은 대화를 나누는 모임을 만들어보자는 생각이 들었습니다. 이 생각은 점점 커져 LBCC라는 모임 기반의 커뮤니티 구성까지 이어졌어요.

왜 하필 대화 모임이었을까? 왜 커뮤니티를 만들고 키

우려고 했을까? 결국, 그 당위는 가장 개인적인 이유에서 비롯되었다는 생각이 들어요. 그리고 개인적인 이유로 시작한 일이 비슷한 고민을 가진 사람들에게도 도움을 줄 거라는 확신으로 이어졌어요. 승패가 갈리는 토론과 논쟁이 가득한 대화신의 긴장감을 풀어주면 좋겠다는 생각이 들었고요(☺). 읽고 외우고 쓰는 데 익숙해서 대화가 부족한 시대에, 대화의 가치를 알고 중요하게 생각하는 사람들이 분명히 있을 것 같았습니다.

그렇다면 내가 먼저 시작해볼 수도 있지 않을까? 이렇게 작은 고민과 결핍에서 출발한 생각이 하나의 커뮤니티로 확장되었어요. 시작할 때 누군가는 '그런 모임이 필요해?'라고 물었고, 지금도 대화 모임에 참여해본 적 없는 사람이 많지만… 저는 알아요. 대화는 단순한 언어의 교환이 아니라 자신을 돌아보고 타인을 이해하며 삶을 더욱 풍요롭게 만들어주는 기회라는 것을요.

그렇게 LBCC가 시작되었어요. 단순히 새로운 사람을 만나는 것이 아니라, 좋은 대화를 나누고 싶다는 마음으로요. 같은 고민을 가진 사람들이 또 각자의 자리에서 의미 있는 대화를 시작할 수 있기를 바라면서요.

모임 운영은 혼자 말고 둘이서!

MC 옆에는 늘 받쳐주는 패널이 있는 이유

소연의 이야기

오랫동안 마음에 담고 있는 문장이 있습니다.

"빨리 가려면 혼자 가고, 멀리 가려면 함께 가라."

그런데 이 문장을 조금 다르게 읽어보고 싶어요. "(성과가 잘 나올지언정) 지루하게 가려면 혼자 가고, 재미있게 가려면 함께 가라"고요! 저는 혼자 결정 내리는 것보다 함께하는 사람들과 상의하면서 의심을 확신으로 만들어가는 과정을 더 즐깁니다. 만족감도 높고요. 목표도 중요하지만 거기까지 나아가는 과정도 못지않게 중요하기에, 빠른 달성보다 함께하는 사람과의 호흡을 맞추는 데 비중을 두었죠. 혹여 실패하더라도 그 순간을 함께 나누면 다시 일어날 힘이 커지는 것 같았고요.

 그런 성향 때문인지, 사이드 프로젝트를 기획할 때도 뜻이 맞는 준원과 함께했는데요. 지나고 보니 팀으로 시작한 것이 저뿐만 아니라 모임 기획 및 운영에도 좋은 영향을 줬더라고요. 모임을 기획해보고 싶은데 혼자 할지, 팀을 만들지 고민 중이라면 저의 경험을 참고해보세요!

첫째, 서로의 강점은 강화하고
약점은 보완하여 육각형 모양의 팀 만들기

 사이드 프로젝트를 둘이서 시작한 이유는 제가 관계 지향적 인간이기 때문이기도 하지만, 제가 가지고 있는 '애매한 재능' 때문이기도 합니다. 저의 부족함과 그걸 보완할 방법을 명확히 알고 있기도 하고요. 준원과 저는 '상호 보완이 잘되는 사이' 같다는 말을 종종 듣곤 하는데요. 그럴 때마다 LBCC를 함께 하기를 잘했다는 생각이 든답니다(물론 아닐 때도 있어요☺).

LBCC 운영에서 서로의 강점이 정확하게 시너지를 냅니다. 저는 기획과 운영을 잘하고, 준원은 모임 진행과 콘텐츠 제작에 탁월해요. 강점을 알면 정확한 분업이 가능해집니다. 사이드 프로젝트도 기본적으로 '일'이기 때문에 효율이 중요한데요. 잘하는 것을 더 빠르게 잘할 수 있도록 힘씁니다. 정도의 차이는 있겠지만 누구나 뛰어난 측면이 있다면 필연적으로 부족한 측면도 있을 텐데요. 인간이 가진 역량은 다양하기 때문에 상호 보완 할 수 있는 사람과의 팀업이 중요합니다.

 팀업을 위해서는 '나를 잘 아는 것'이 선행되어야 해요. 내 역량과 기질을 잘 알아야 나를 보완해주는 팀원도 찾을 수 있을 테니까요. 그래서 같이 일하고 싶은 멤버가 있거나 나를 보완해줄 멤버를 찾고 싶을 때 역량 검사를 추천합니다.

 저와 준원은 같은 회사 동료로, 회사에서 태니지먼트라는 강점 검사를 받은 적이 있는데요. 저는 조정·탐구, 준원은 창조·외교가 강점으로 나왔어요. 둘의 역량이 제법 상호 보완적이죠. 그 역량을 살려 저는 LBCC의 운영 원칙과 가치를 만들고, 체계적으로 운영되도록 하는 플래닝 등을 담당해요. 준원은 탁월한 외교력을 바탕으로 호스트를 섭외하고, 본업을 십분 발휘하여 콘텐츠 제작과 카피라이팅을 도맡아 합니다.

저는 기본적으로 세상에 온전히 혼자 할 수 있는 일은 없다고 생각해요. 그래서 서로 다른 재능을 가진 사람이 만나 시너지와 가치를 만드는 것에 희열을 느끼고요. 물론 일이 톱니바퀴처럼 딱 맞아떨어져서 돌아가게 하는 건 또 다른 문제지만요. 같이 일하고 싶은 멤버가 있거나 같이 일해도 괜찮을까 고민되는 멤버가 있다면 함께 역량 검사를 해보고 서로의 강점을 파악하는 시간을 가져보세요!

둘째, 나와의 약속을 쉽게 어긴다면 팀플을 하자

혼자 하면 '마음대로 할 수 있다'는 것이 장점이자 단점이 됩니다. 아무래도 자기 자신과 한 약속은 쉽게 어기게 되니까요. 아무리 즐거운 일이라 해도 즐거운 부분 30%, 하기 싫은 부분 70%로 구성되어 있는 것 같아요. 즐거운 30%를 마주하기 위해 귀찮은 70%를 노력으로 이겨내야 하는 순간이 생기죠. 그럴 때 혼자라면 무한정 늘어지거나 자기 합리화에 빠지기 쉽습니다.

'레이지'버드커피클럽의 운영진답게 저희는 '게으름'을 특징으로 가지고 있습니다. 게다가 마케터라는 직업 특성상 액션 후 바로 피드백이 와야(물질적 보상이든, 누군가의 정성적인 반응이나 후기든) 동력을 얻는 편이라 즉각적인 반응이 없으면 꾸준히 지속하기가 힘들어요.

하지만 2년 동안 매주 일요일마다 꾸준히 모일 수 있었던 비결은 둘이 함께했기 때문이에요. 서로 처지는 순간을 귀신같이 포착해서 매섭게(?) 채찍질하거든요. 그러다 보면 서로가 서로의 감시자가 되어 약속을 지키게 되고요. 또 대응이 어려운 급한 상황에서 상대를 레버리지 삼을 수 있어요. 야근이 많은 시즌이나 즉각 대응이 어려운 상황이 생길 수 있잖아요? 둘이 있으면 그럴 때 유동적으로 대처 가능하다는 점이 큰 장점입니다.

셋째, 혼자보다는 둘이 안정적

오프라인 모임을 운영하면 할수록 주제나 호스트보다

중요한 것은 편안하게 대화할 수 있는 공기임을 깨닫게 됩니다. 모두가 잘 알고 있는 〈유 퀴즈 온 더 블럭〉이라는 프로그램을 보면서도 느낄 수 있어요. 국민 MC 유재석 님 혼자서 인터뷰를 이끌고 갈 수도 있지만 함께 받쳐주는 조세호 님 덕분에 현장의 공기 흐름이 더 부드러워집니다. 방송 촬영이 처음인 일반인 출연자는 현장을 어색하게 느낄텐데, 두 분이 긴장을 덜고 이야기할 수 있는 분위기를 만들어주더라고요. 유재석 님과 조세호 님 사이에 편안하면서도 유쾌한 케미가 존재하므로 출연자도 그 안에 자연스럽게 녹아들죠. 어떤 이야기를 해도 수용해줄 거란 느낌을 받기 때문일 거에요.

 모임도 마찬가지라고 생각해요. 모임에 오신 분들은 대부분 서로 초면이기 때문에 처음엔 서먹하기 마련입니다. 혼자 힘으로는 어색한 분위기를 부드럽게 만들기 어려울 때가 많아요. 모임 시작 전 나누는 스몰토크부터 모임이 끝나는 순간까지 저희는 한 팀이 되어 처음 온 분들이 불편하지 않도록 분위기를 조성하고 세심하게 살핍니다. 상대가 불편해하지 않는 선에서 분위기를 풀고자 노력해요. 가끔은 필요에 따라 서로 망가지기도 하고요! 이런 케미는 역시 함께여야 가능하죠.

이 밖에도 공간 대관처와의 협의, 음료 준비, 이름표 배부 등 현장 사전 세팅에 꽤 품이 들어가기 때문에 손님을 맞이할 때 어수선해지는 경우가 있어요. 이때도 역할을 분담하면 훨씬 수월하답니다.

자, 이제 주변을 둘러볼까요? 말 잘 들을 것 같은 사람 말고! 나와 잘 협력할 수 있는 사람을 찾아보세요. 그리고 말을 건네보는 거죠. "혹시 재밌는 거 같이 해보지 않을래?"라고요.

해보고 고쳐나가자는 마음으로

기획하고 시도하기에 완벽한 타이밍은 늘 지금이다

준원의 이야기

일은 계획으로 시작되지만 대응하면서 완성된다고 믿어요. 저는 모든 계획을 꼼꼼하게 세우기보다는 어느 정도 얼개가 잡히면 일단 시작하는 편이에요. 상황을 마주하고 대응해가며 하나하나 만들어가죠.

본업이었던 콘텐츠 기획에서는 완성도를 중시했지만, 사이드 프로젝트를 할 때는 원래대로 전형적인 P가 돼요 (J의 향이 약간 첨가된 정도랄까요?). 저는 늘 아이디어가 많았어요. '이런 거 어떨까?', '이런 거 하면 재밌겠다' 등의 아이디어가 지금의 저를 만들었다고 생각해요. 콘텐츠든, 행사든, 커뮤니티든 일단 시작하고 고쳐나가자는 마음으로 가볍게!

일단 실행하고 고쳐나가자!

MBTI 끝이 P여서 안 좋은 점을 읊는 사람들이 많지만, 그럼에도 저는 P여서 좋은 점도 많다고 생각해요. 좋은 의미에서 충동적이기 때문에 다른 사람들이 함부로 하지 못하는 시도를 작게나마 해나갈 수 있어요. 주변 사람들은 제게 용기 있다고 말하지만, 일단 저지르고 수습하기를 즐길 뿐이랍니다. 다행히 책임감이 없는 편은 아니라 '말한 것이 있으니 해야지 어쩌겠어…'라는 마음으로 사서 고생 하고 있어요(그래서 사서 고생 하는 사람들이 자수성가한 이야기를 좋아합니다). 많은 콘텐츠에서 '완벽한 시작도 타이밍도 없다. 일단 시작하고 피드백을 반영하면 된다'고 이야기하는데, 정말 그렇다는 걸 체감해요.

하지만 무턱대고 시작하라고 말하고 싶지는 않아요. 시간이 무한하다면야 뭐가 문제이겠냐마는 시간적, 경제적, 체력적으로 한정된 자원을 활용해서 '무엇인가 시도'하고 계시리라 생각하기 때문에 신중할 필요가 있어요. 그래서 '어디로든 일단 뛰어라!'보다는 '적어도 어디로 향할지는 정해놓고 뛰세요!'라고 조언하고 싶습니다. 가벼운 마음으로 시작하는 게 사이드 프로젝트의 묘미이기는 하나, 무턱대고 시도하면 빠르게 포기할 수도 있거든요. 실행 가능하되 (크기에 상관없이) 빠르게 성과를 얻을 수 있는 일을 시도해보세요. 사실 시도는 가벼울수록 좋아요. 무겁고 중요한 건 '꾸준함'이거든요.

우리는 태어날 때 걷지도 못했다

'아, 이건 또 어떻게 하지?'라는 생각이 들 때 최면을 걸듯이 하는 생각이 있어요. 우리는 원래 걷지도 못하던 응애 아가였다는 사실! 무릎깨나 깨먹으면서 배운 걷기는 이제 숨 쉬듯 자연스럽죠. 첫 시도가 완벽할 수 없다는 것을 잘 아는 나이인 30대가 되었지만 그럼에도 사람 욕심이 끝이 없어요. 잘하고 싶고 완벽하고 싶고, 그러려면 계획도 세워야 하고⋯ 그러다보면 현실적(이라고 말하지만 동시에 실행을 막는 여러 가지) 문제들과 마주하게 됩니다. 그럴 때마다 이 사실을 떠올리세요. 나는 처음엔 잘 걷지도 못하던 사람이었다는 것을요. 일단 일어나서 발을 떼다보면, 넘어지고 깨지면서 잘 걷게 되는 거죠. 우리는 삶의 이치를 아기 때 이미 다 깨우친 셈이에요.

기획에 1시간, 4번의 파일럿을 통해 알게 된 것

'우리가 좋아하는 사람 여럿을 모아 이야기 나누면 얼마나 즐거울까? 세상에, 지적 허영이라는 것이 폭발할 것만 같아!' LBCC라는 사이드 프로젝트를 시작하기 전 우린 4번의 파일럿을 초고속으로 끝냈어요. 갑자기 생각난 이름을 그대로 모임명으로 정해버렸고, 이렇게 해도 되나 싶을 정도로 최소한의 리소스만 이용해 한 달간 파일럿 모임을 시도해보기로 했죠.

'모임을 핑계 삼아 주변의 좋은 사람들을 모으고, 그 사람들끼리도 서로 알게 되면 얼마나 재밌을까?' 하는 생각만으로 일단 사람을 모았어요. 주변에서 7명을 모집했고, 그렇게 첫 LBCC 파일럿이 시작됐죠(그 7명은 기록해두지 않았는데도 기억나요. 아마도 첫 회라는 상징성 때문이겠죠).

그날따라 매섭게 몰아치던 겨울바람이 아직도 기억나요. 체감상 영하 20도쯤 되는 추위였어요. 한겨울 공덕역

근처의 카페에서 열린 첫 모임, 우리는 일상에 대해 이야기를 나눴어요. 처음 만나는 사람들이니 통성명을 하고 대화를 시작했죠. 낯선 이를 만나서 할 수 있는 이야기는 뻔해요. 요즘 어떤 고민이 있고, 어떤 생각을 하고 있는지에 대해 주저리주저리. 호스트가 2시간 내내 바통을 넘기지 않으면 대화에 마가 뜨기 십상이었어요. 그렇게 커피 자국이 말라 흔적으로 남았을 때쯤 자리를 파하게 되었어요.

이때는 LBCC의 그라운드룰이랄 게 없었어요. 1회니까 그럴 수밖에요. 사람들이 저마다의 방향으로 발길을 옮기며 신선했다고 말했고, 오늘 대화 경험이 참 좋았다고 다음에 또 오겠다고 했어요. 그런데 진짜 놀랍고 신기한 일이 일어났어요. 두 번째 모임을 열었는데… 첫 모임 참석자들은 한 명도 오지 않았어요.

다들 좋다고 평가하더니만 재방문이 없다니…. 하긴, 다시 나올 동기가 없었죠. 회고해보면 이분들은 모임을 연 친구를 보러 왔을 뿐, 낯선 사람들과 대화하는 모임에 대한 니즈가 없었어요. 지속적으로 만났으면 좋겠다는 것은 운영진인 우리의 바람이었고요. 강제성이 있는 것도 아니었고 심지어 일요일 오전 10시는 꽤 피곤한 시간이었기에 서운함은 크지 않았어요(하나도 서운하지 않았다면 거짓말이겠고요☺). 첫 모임 덕에 사람들에게 호스트(혹은 초대한 사람)가 중요한 요인으로 작용하고, 그렇다 해도 호스트라는 동기가 지속적으로 작용하기는 어렵겠다는 교훈을 얻었어요. 어떤 방향으로 개선하면 좋을지, 과제가 하나 생긴 기분이었죠.

두 번째 모임에서는 회사 생활에 대한 어려움과 고민을 주로 이야기했는데 이날 모인 5명(이 멤버도 또렷하게 기억나요)이 주거니 받거니 하며 4시간 동안 대화했어요. 에너지를 제대로 소진해버린 나머지, 저와 소연은 돌아오는 길에 한 마디도 하지 않았어요. 아무리 재밌어도 대화 시간을 2시간 정도로 고지하고 진행해야겠다는 생각이 들었어요. 우리의 소중한 일요일 오후를 지켜야 하기에.

세 번째 모임은 시간을 오전 9시로 당겨보았어요. 그리고 바로 깨달았죠! 운영진인 우리도 일요일 오전 9시는 힘들다는 것을요. 이야기를 나눠야 하는데 머리가 깨어나지 않더라고요. 무엇보다 드디어 지각자가 생겼어요('레이지' 버드커피클럽이라 그런지 우리 모임에는 지각자가 좀 있는 편이에요. 다만

레이지버드 닉값을 위해 지각자에게 뭐라 하지는 않아요. 좋은 건가…?). 마냥 기다릴 수는 없으니 일단 대화를 시작했는데 주제가 또 일에 대한 푸념, 고민으로 귀결됐어요. 우리에게는 이 주제만 벌써 세 번째였죠. 매주 모여서 같은 이야기만 반복할 생각은 없었는데 주제가 명확하지 않으니 최근 본인이 겪은 어려움을 계속 말하게 되더라고요. 대화 모임에는 구체적인 주제가 필요하다는 교훈을 얻었어요. 그래야 사람들이 관심 있는 주제에 참여할 테고, 우리는 매주 똑같은 이야기를 되풀이하는 불상사(?)를 피할 수 있고요.

마지막 네 번째 모임에서는 연말 회고 시간을 가졌는데 사람이 엄청 많이 왔어요(글을 쓰는 지금도 그때를 생각하면 절로 미소가 지어져요)! 어떻게 열몇 명이 모였나 싶어 물어보니, 3회까지 좋았다는 후기가 계속 올라오는 걸 보고 한번 가보자 하고 몰려온 것이더라고요. 완벽하지 않았고 고칠 점도 많았지만 '즐거웠다'는 후기가 사람들의 호기심을 자극한 거였어요. 그래서 모임 후기 콘텐츠를 꼭, 잘 기록해야겠다고 다짐했어요.

지금은 익숙해졌지만 열 명 이상의 인원과 대화하려면 시간 안배가 중요하다는 걸 알게 됐어요. 또 인원이 늘어날수록 대화를 중재하는 모더레이터(혹은 퍼실리테이터라고 부르기도 하더라고요)의 역량이 중요하다는 것도요. 특정 몇 명이 대화를 독점하지 않고 모두가 편하게 대화에 참여하도록 모더레이터가 말수를 적절히 조절해야 한다는 것을 알게 된 거죠. 일종의 심판 역할!

이렇게 네 번의 파일럿을 경험해보니 매 모임마다 깨달음이 있었어요. 해보고 고치고를 반복했죠. 매번 고민과 검증, 배움이 있었고 신규 과제가 주어졌어요. 처음부터 이 모든 것을 다 준비해 기획하려 했다면 아마 2년이 지난 지금까지도 시작하지 못했을 거예요. 재밌는 건 대다수의 이슈는 해나가는 과정에서 발견되고, 또 고쳐서 나아진다는 사실이에요. 해보기 전엔 알 수 없는 일들이라 생경하고 고민이 많았지만, 그렇기에 개선되는 것을 볼 때면 쾌감으로 이어졌어요. 고민하고 고쳐가는 일은 고통스럽지만 결과는 달콤하답니다. 그러니까 일단 해보고 고쳐가요. 생각보다 즐거워요.

Doing Kit

파일럿 체크 리스트

가설 설정 후 파일럿 모임을 통해 검증하고 회고해봅시다.

	STEP 01 모임에 적용할 가설	STEP 02 모임 후 회고
1회차		
2회차		
3회차		
4회차		

	STEP 03 개선할 내용	STEP 04 다음 모임에서 검증할 것
1회차		
2회차		
3회차		
4회차		

Interview

LBCC 최다 참석자 박세희 님

1. 처음 LBCC에 오게 된 계기가 무엇인가요?

회사 밖에서도 나와 결이 맞고 비슷한 고민을 하는 사람들을 찾고 싶었어요. '나에게 맞는 일은 어떻게 찾을까?', '성과 어필은 어떻게 하지?'와 같이 시기별로 찾아오는 질문들에 답을 구하고 싶었고요. 제가 속한 금융 산업군에 국한되지 않고 유통, 패션, 뷰티, 창업 등 다양한 백그라운드를 가진 분들과 함께 고민하고 질문하며 인사이트를 얻고자 했습니다.

2. LBCC 모임에 계속 참석한 가장 큰 이유는 무엇인가요?

느슨한 연대와 의미 있는 교류를 경험할 수 있기 때문입니다. 전혀 다른 방식으로 일하는 사람들이 동일한 관심사를 가지고 한자리에 모여 대화하는 점이 인상 깊었어요. 일방향적으로 진행되는 강의와 달리, 둘러앉아 근황을 나누고 중간에 질문을 곁들이며 진행되더라고요. 그 과정에서 정보 습득뿐 아니라 서로에 대해 이해하고 친분

> **Interviewee**
> - 브랜드 마케터로 일하며, 독립서점 준비 중
> - LBCC 모임 최다 참석자!
> - 사람에 관심이 많아 넷플연가, 남의집 등에서 모임장 경험

을 쌓을 수 있었습니다. 이후 자유롭게 네트워킹을 하며 개인적인 근황과 질문들을 나눴는데요. 이러한 과정에서 딱 적당한 연대감과 예상보다 큰 성장을 경험했습니다.

3. 여러 번 참석하면서 가장 인상 깊었던 순간은 언제인가요?

연말 파티입니다! 한 해 동안 모임을 오가며 만났던 반가운 분들과 깊게 교류할 수 있었어요. 몇 번 대화한 적 있어서인지 처음 만나는 관계에서는 나누기 어려운 깊은 이야기를 나눌 수 있었습니다. 특히 공간을 화두로 던지자, 지인을 한 명씩 데려오는 파티를 개최한 경험 등을 나눠주며 꼭 놀러오겠다고 하신 것이 기억에 남습니다. 서로의 멘토이자 응원단장이 되어, 커리어와 일상의 고민을 나눴습니다.

4. LBCC에서 만난 사람들 중 특별히 기억에 남는 사람이 있다면?

자신의 브랜드를 만들고 있는 사람, 스스로 하나의 브

랜드로 성장하고 있는 모든 사람이 기억에 남습니다. 특히 초기부터 LBCC와 함께한 만큼 준원 님과 소연 님의 행보를 모두 지켜봤는데요. 멤버들을 자연스럽게 연결하고, 셀렉트 모임으로 구성을 확장하고, 출판을 준비하는 과정을 보며 탄탄하게 브랜드를 키워가는 법을 보고 배울 수 있었습니다.

5. 다른 모임과 비교했을 때 LBCC만의 차별점이나 매력이 있다면 무엇인가요?

성장을 위해 주말 아침을 포기할 만큼, 호기심 많은 사람들과 연결될 수 있다는 점입니다. 저는 호기심 많은 할머니가 꿈일 정도로 궁금한 것이 많고 질문하기를 좋아하는 편이에요. LBCC에 모인 분들은 모두 각자의 질문을 가지고 답을 찾아가는 여정에 있더라고요. 그런 분들과 교류하며 제가 가진 질문에 답을 찾고 생각을 확장할 수 있었습니다.

6. LBCC에서의 경험이 삶이나 사고방식에 영향을 주기도 했나요?

저는 모든 사람이 하나의 브랜드라고 생각합니다. 회사 안에만 머물면, 관성적으로 일하게 될 뿐 아니라 자신만

> **Check Point**
> LBCC에 모인 분들은 모두 각자의 질문을 가지고 답을 찾아가는 여정에 있더라고요. 그런 분들과 교류하며 제가 가진 질문에 답을 찾고 생각을 확장할 수 있었습니다.

의 뾰족한 정체성을 만들어가기 어려운 것 같아요. LBCC에서 많은 사람을 만나고 자신의 개성과 역량에 맞는 일을 하고 계신 분들을 보면서 나다운 삶에 대해 더 깊이 고민할 수 있었습니다.

일례로 오늘의집에서 모임을 구성하시는 분, 샤넬에서 마케팅을 하시는 분 등 비슷한 관심사를 가진 또래들의 이야기를 듣고 난 뒤 '내 업무와 역량을 어떻게 연결할지', '나는 어떤 전문가로 성장하고 싶은지' 질문을 가지고 돌아왔던 기억이 납니다.

7. 모임에 꾸준히 참여하면서 스스로 달라졌다고 느끼는 점이 있다면 무엇인가요?

다양한 사람들과 연결되고, 그 안에서 시너지를 내는 법을 배웠어요. 모임 이후에 네트워킹 시간이 있고, 멤버 톡방에서 서로의 프로젝트를 응원하며 필요한 분을 연결해주는 모습을 자주 봅니다. 이 과정에서 정해진 일을 하고 주어진 관계 내에서 협업하는 데서 나아가 주도적으로 연결되고 나의 일을 확장하는 법을 알게 되었습니다.

8. LBCC가 앞으로 더 나아가기 위해 어떤 요소나 변화가 추가되면 좋을까요?

셀렉트 모임이 더 다양해지고, 유사한 고민을 가진 사람들이 보다 적극적으로 교류할 수 있는 작은 소모임들도 생성되었으면 좋겠습니다. 향후 나와 비슷한 사람들을 모을 수 있는 플랫폼을 만들고 싶다는 꿈이 있어요. 지역에서의 삶에도 관심이 많아, 이 주제로 사람들을 연결해보려 하는데요. LBCC에 좋은 분들이 많기에, 저와 결이 맞는 사람들을 적극적으로 찾고 싶습니다.

9. LBCC를 한 마디로 표현한다면 어떤 단어가 어울릴까요? 그 이유도 함께 말씀해주세요.

'기여'입니다. 준원 님은 모임 오프닝 때 항상 기여를 강조하셨는데요. 내 안의 질문을 기꺼이 꺼내놓고, 경험을 나눌 용기가 있는 사람들의 모임이라고 생각합니다. 처음에 모임에 갔을 때 강연자에게 의존하는 방식이 아니라 각자의 경험을 적극적으로 나누고 주도적으로 화두를 던지는 모습이 인상적이었어요.

10. 마지막으로 LBCC에 새롭게 참여할 사람들에게 해주고 싶은 한마디가 있다면?

새로운 사람들을 만나 생각을 말랑말랑하게 하고 싶은데, 끈끈하고 밀도 높은 연결이 부담스러운 분들께 추천하고 싶어요. LBCC에는 딱 적절한 연결이 있습니다! 나아가 직장인이라면 한 번쯤 해봤을 법한 고민들을 안전하고 자유롭게 나눌 수 있는 곳입니다. 내 또래들은 어떤 생각을 할까, 다른 회사는 어떻게 일할까 궁금한 분들은 무조건 참여해보세요.

口口口
口
ノヽ

모임의 기술,

그 두 번째

Who
누구를 모을 것인가?

모인 사람들을 보고 신규 회원이
'나도 이 사람들과 함께하고 싶어!'라고
생각하게 만드는 것이 궁극적인
커뮤니티 브랜딩이 아닐까 싶어요.
우리 모임에서 모집한 좋은 사람들의
활동이 곧 그 커뮤니티가 어떤 곳인지를
보여주는 살아 있는 콘텐츠가 될 테니까요.

왜 레이지버드예요?

일요일 오전 11시는 게으르지 않다는 귀여운 푸념에 대해

"레이지버드라는 콘셉트가 되게 좋아요. 그런데 왜 레이지버드예요?"

모임 참여자분들이 자주 하는 질문이에요. 그때마다 '게으를 수 있는 삶을 지향하는 중니어 커뮤니티'라는 슬로건을 설명해드리곤 했는데, 책을 읽다가 궁금해하는 분들이 계실 수 있겠다는 생각이 들어요. 주절주절 대화하며 레이지버드라는 브랜드를 빌드업해나간 과정들을 정리해보려고 해요.

모임은 참여하고 싶지만, 일찍 일어날 수 없어

사이드 프로젝트를 준비하던 시기, 인스타그램에서는 커뮤니티가 유행처럼 생겨나고 있었어요. 그중에서도 눈에 띄는 대표적인 모임이 서울모닝커피클럽(SMCC)이라 '모임 한번 나가볼까?' 하는 마음이 들었어요. 결론부터 말하면 시도도 못 하고 접었죠.

가장 큰 장애물은 아침 7시라는 모임 시각이었어요. 운영진 둘 다 그냥 아침에 눈을 뜨는 것 자체가 '미라클 모닝'이에요. 인간은 태어난 모양에 맞게 살아야 한다는 모토를 가지고 있기에 운영진 캐릭터에 맞는 모임을 열어보자고 생각을 고쳐먹었어요. 운영진 둘의 MBTI는 누워 있기를 좋아하는 'ISFP'로 동일해요. 새벽에 잠들 순 있어도 새벽에 일어날 수는 없는 부류였거든요. 그렇게 '게으르다'는 의미의 단어 'lazy'를 얻게 됐습니다.

게으른 게 아니에요, 여유로운 거죠

'게으름'이라는 키워드를 얻고 나니 모임 시각만 여유로운 게 아니라 대화 주제에도 그런 메시지를 내포하면 좋겠더라고요. '게으름'이라는 단어를 검색창에 쳐보면 연관 검색어로 부정적인 단어가 주르륵 나오죠. 게으름 '극복', '이기는 방법', '고치기', '탈출' 등…. 버트런드 러셀의 《게으름에 대한 찬양》이라는 책 외에는 대부분 부정적인 단어예요.

'게으름'은 늘상 극복의 대상이죠. 게으름은 왜 극복되어야 하는지 모른 채 극복 대상이 되었는데, 이건 사회 시스템이 인간 본성을 거스르도록 만든 것이라고 생각해요. LBCC 모임을 통해 전하려는 메시지가 '게으른 삶'을 정당화하고 앞으로 게으르게 살겠다는 것은 아니에요. 다만 내가 왜 달리는지, 이게 스스로에게 알맞은 속도인지는 알았으면 하는 마음이 있어요.

코로나 팬데믹 때 '갓생'이라는 키워드가 유행했어요. '미라클 모닝', '갓생 챌린지' 같은 키워드가 SNS에 난무했고, 너 나 할 것 없이 새벽 5시에 일어나 신문을 읽고 일기를 쓰고 책을 읽었죠. 그즈음 한 심리학 교수님이 '갓생이 어떻게 사람들을 병들게 하는가'라는 주제로 쓴 글을 보게 됐어요. 현대인이 갓생에 몰두하는 이유가 불안 때문이라는 내용이었어요. 불안 요소가 많은 세상에서 갓생이라는 행위를 통해 통제 불가능한 것들을 통제할 수 있다고 여기고 정신이 망가진다는 글이었습니다.

모두가 '성장'과 '열정'을 외치는 시대, 불안한 사람들에게 다른 메시지를 전하고 싶었습니다. 때로는 숨을 고르고 자신이 가는 방향을 점검하는 시간이나 조금 돌아가는 선택도 필요하다고 이야기하고 싶었어요.

그래서 모임 초반에는 주제가 가벼웠습니다. '새해가 별건가요?', '잘 쉰다는 건 뭘까요?', '일하는 나를 돌보는 시간을 갖고 있나요?' 같은 화두로 대화를 나누었죠. 쉼에 대해 고민하며 더욱 건강한 삶을 가꾸어나가길 바라는 마음이었어요. 그래서 처음으로 정한 슬로건은 '일찍 일어난 새는 피곤해서 커피를 마시고, 게으른 새는 여유롭게 커피를 즐긴다'였습니다. 게으름을 마냥 부정적으로 바라보고 싶지 않다는 마음을 담은 메시지였죠.

왜 '게으른 새'였을까?

좋아하는 밈이 하나 있어요. '일찍 일어나는 새가 피곤하다'라는 개그맨 박명수 님의 말이에요. 일찍 일어난 새에게 긍정적인 보상이 주어질 거라 생각했는데 사실은 피곤하기만 할 수 있겠다는 발상이 유쾌하게 다가왔죠. 은근한 반골 기질을 가지고 있는 운영진은 '게으른 새'의 존재도 부정하고 싶지 않다는 생각에 이르게 됐습니다. 얼리버드의 반대말인 '레이지버드'가 직관적이기에 구구절절 설명하지 않아도 된다는 점도 고려했고요.

콘셉트적 측면을 고려했을 때도 '게으른 새'의 이미지가 효과적이라고 생각했어요. 로고를 디자인하거나 브랜드를 시각적으로 표현할 때 상징물을 활용하면 소비자를 쉽게 이해시킬 수 있습니다. 커피잔에 늘어진 새의 모습, 늘어져서 볼록 튀어나온 뱃살… 생각만 해도 귀엽지 않나요?

결이 비슷한 사람을 모으는 한 줄의 카피

멋진 한 줄을 넘어 동질감의 계기를 만드는 일

 모임이 지향하는 가치를 알리면 그 가치에 공감하는 이들이 방문합니다. 모임에 참여하는 횟수를 거듭하며 그들이 커뮤니티를 구성하게 되고요. 커뮤니티 구성원들은 자신의 지향과 부합하는 커뮤니티의 비전을 공유하며 소속감을 느낍니다. 동물권 향상을 지지하기에 동물보호 커뮤니티에서 활동하거나 유기 동물 봉사를 하러 다니는 것처럼요. 이런 맥락에서 커뮤니티의 '비전'이란 두 가지 역할을 해요.

 첫째, 방향성과 가치를 명시하고 선언해 커뮤니티의 차

별성(브랜딩)을 강화해요.

둘째, 구성원들이 공감하는 공동의 목표를 공유하며, 장기적으로 동질감을 기반으로 한 소속감을 주고 모임에 지속적으로 참여하도록 동기를 부여해요.

박리다매로 많이 파는 것이 목적인 제품에는 비전, 가치 등 손에 잡히지 않는 추상적인 개념들을 수립하는 과정이 필요하지 않을 겁니다. 하지만 모임이나 커뮤니티 브랜드라면 제품과는 다르게 접근해야 합니다. 사람이 모이는 일이기 때문이에요.

유심히 지켜본 분들은 아실 테지만 LBCC의 슬로건은 2년간 여러 번의 탈바꿈을 거쳐 지금의 버전으로 정착했어요. 맨 처음에는 모임의 정체성에 대한 깊은 고민 없이 여유롭게 커피 한잔하며 대화를 나누고 싶다는 의미로 10분 만에 휘리릭 만들었습니다. '게으른', '여유', '커피' 등의 키워드를 고려해서 만들었어요.

<파일럿 당시 카피>
일찍 일어난 새는 피곤해서 커피를 마시고,
게으른 새는 여유롭게 커피를 즐긴다

이 카피를 인스타그램 프로필에 올려두고, 참가자 모집을 위해 스토리와 피드 콘텐츠에도 노출했어요. 슬로건을 걸어두는 데 큰 고민이 없었던 이유는 파일럿 모임에 참여하는 사람들이 대부분 운영진의 지인일 거라고 생각했기 때문입니다. 다만, 운영진이 지향하는 삶의 방향성을 선언하고자 했기에 슬로건에는 게으르고 싶은 지향을 가득 담았고요.

<파일럿 이후 카피>
매주 일요일 아침, 게지런하게 모입니다. 레이지버드커피클럽

파일럿 4회 운영을 마치고, 모임에 참여한 한 분의 아이디어로 '게지런'이라는 단어를 얻었어요(우주최강 카피라이터 주윤하 님 감사합니다!). 우리를 설명할 수 있는 단어라는 생각에 확 꽂혔죠. 파일럿 때는 일요일 아침 9시에 모였기 때문에 게으르다는 표현으로 LBCC를 설명하기엔 좀 아이러니한 느낌이 있었거든요. 모이는 시각 때문인지 전혀 게으르지 않다는 농담을 피드백으로 듣기도 했고요. 이때는 모임을 만드는 첫 단계였기 때문에 모이는 요일과 시간대를 강조했고, 모임의 정체성을 드러내는 직관적인 카피로 만들었어요.

<운영 6개월 후 카피>
일 좀 하는 중니어들의 게지런한 커뮤니티, 레이지버드커피클럽

눈치채셨나요? 슬로건에 '중니어'라는 단어가 등장했습니다. 이때쯤부터는 '어떤 사람'이 우리 모임(또는 커뮤니티)의 구성원이 될 것인가에 대해 깊이 고민하기 시작했어요. 모집 타깃을 정하고 나니 주제를 좀 더 뾰족하게 설정할 수 있게 되었고, 모임의 다각화에도 당위성을 부여할 수 있게 되었고요. 이 무렵부터 '타깃 설정을 잘한 것 같다', '브랜딩이 잘된 것 같다'라는 평가를 심심찮게 듣게 되었습니다.

<운영 1년 후 카피>
게으를 수 있는 삶을 지향하는 중니어 커뮤니티, LBCC

현재까지 유지해오고 있는 카피인데요. 최종적으로 카피를 바꾼 이유는 '일'에 너무 포커싱된 슬로건이라는 생각이 들었기 때문이에요. 사실은 여유로운 삶에 방점을 두고 이야기를 나누고 싶었는데, 일을 사랑하는 분들이 주로 참여하시다보니 LBCC는 어느덧 '마케터 모임' 정도로 포지셔닝 되어가고 있더라고요. 물론 수요가 있는 방향으로 브랜드가 변화해가는 것도 의미 있지만, 브랜드로서 선언하려는 핵심 가치는 유지해야 한다는 생각을 했습니다. 따라서, 저희는 여유로운 삶을 지향한다는 가치관을 여전히 저희의 정체성으로 유지하고 있답니다.

모임을 기획하고 싶다면, 모임의 캐릭터를 정의하는 태그라인을 적어보면 어떨까요?

나는 _____한 커뮤니티에서 활동한다.
왜냐하면 _____한 가치를 지지하기 때문이다.

위 태그라인의 빈칸을 채워보세요. 모임을 기획하다보면 '우리의 정체성'이 밋밋하게 느껴질 때가 많아요. 그래서 추상적 언어보다는 구체적인 지향을 담은 단어를 쓰는 편이 효과적이에요. 마땅한 단어가 생각나지 않거나 너무 거창한 단어만 떠오른다면 '어떤 사람들을 모을 것인가'에 집중해보세요. 브랜딩을 위해서는 누구를 모으냐도 중요하니까요.

커뮤니티는 결국 끼리끼리 사이언스가 아닐까?

 모이는 사람들의 특성을 이해하는 일에서 커뮤니티 브랜딩이 시작됩니다. 단순하게 생각해보자면 커뮤니티를 만드는 건 '어떤 사람들을 모을 거야?'에 대한 답변이죠. 커뮤니티 활동을 설계하기 전 참여할 사람을 특정해야 그들의 특성을 바탕으로 브랜딩되고요.

 '누구'를 모을 것인가에 대해서 생각해볼까요? 일단 연령, 성별, 직업, 관심사 등을 고려할 수 있을 거예요. 여기에 하나를 더 추가하자면, '상황'을 생각해보세요. 내가 만드는 모임에 오는 사람들은 어떤 '상황'에 처해 있는지, 어떤 상황에 대해 이야기하고 싶어서 오는지를요. 사실, 분류 키워드는 너무 다양하기에 커뮤니티로 모을 사람들을 명확히 정의하는 일은 까다로울 수밖에 없어요. 이전에는 관심사를 바탕으로 사람을 모으는 형태가 많았어요. 취향 기반 모임을 커뮤니티라고 불렀으니까요.

 그런데 취향은 변하기 마련이고, 사람들을 모이게 하는

동력이 약할 때가 많다는 생각을 해요. '취향이 같은 이성'을 만나기 위해 참여하는 사람도 많아지는 것 같고요. 물론 이런 방향이 나쁘다는 것은 아니지만, 모임의 목적이 그저 수단이 된다면 그 커뮤니티는 올바른 방향으로 나아가고 있는 걸까요?

결국 커뮤니티 브랜딩이란 끼리끼리 잘 맞는 사람들을 어떻게 모으느냐가 핵심이라는 결론에 이르게 됩니다. 모인 사람들을 보고 신규 회원이 '나도 이 사람들과 함께하고 싶어!'라고 생각하게 만드는 것이 궁극적인 커뮤니티 브랜딩이 아닐까 싶어요. 우리 모임에서 모집한 좋은 사람들의 활동이 곧 그 커뮤니티가 어떤 곳인지를 보여주는 살아 있는 콘텐츠가 될 테니까요. 의도한 방향과 결이 맞는 사람들을 모아보세요.

중니어에게 가장 필요한 딴짓의 시간
좋은 커뮤니티는 '나'에 대한 이해에서 시작한다

종종 "중니어라는 타깃을 정말 잘 잡으신 것 같아요!"라는 이야기를 듣곤 해요. 그때마다 속으로 흡족한 미소를 짓지만 사실 처음부터 염두에 둔 것은 아니었어요. LBCC를 시작할 때는 특별한 타깃을 설정하지 않았어요. 운영진을 페르소나로 삼아 둘의 관심사로 모임 주제를 정하고 진행하다보니 그저 막연하게 '우리와 비슷한 사람'이 타깃이라고 정했던 것 같아요. 휴민트 *humint*°를 통해 확장된 커뮤니티라 자연스럽게 5~10년 차 직장인, 그중에서도

° human(사람)과 *intelligence*(정보)의 합성어로, 인적 네트워크를 활용해 얻은 정보

마케터, 기획자, 제작자가 많다는 특징이 생겼고요.

그렇게 매주 운영진의 관심사로 모임을 열다가 '중니어'라는 명확한 타깃을 설정한 계기가 있습니다. 여느 때와 같이 회사 동기와 함께 점심 먹고 카페에 앉아 두런두런 신세 한탄(?)을 늘어놓다 나온 이야기가 힌트가 됐어요.

"직장인 중 자존감이 가장 낮은 연차가 몇 년 차인 줄 알아?"
"몇 년 차인데?"
"5~8년 차래."
"왜?"
"저연차일 때는 작은 걸 해내도 칭찬받고 응원도 많이 받아서 동기부여가 잘되는데, 연차가 올라갈수록 회사에서 거는 기대는 크고 칭찬은 없다는 거야. 해내는 게 당연해지는 거지."
"그렇구나… 바로 우리네…."
"그래서 이 정도 연차에서는 완전히 처음 배워보는 무언가를 시도하는 게 좋대. 클라이밍을 배운다든지, 수영을 배운다든지. 그럼 작은 성공만으로도 칭찬받을 수 있고, 그게 자존감 상승에 도움을 준다는 거지!"

동료와 이런 대화를 나누고 며칠을 곰곰이 생각해보니, 두 운영진을 비롯한 '중니어'는 회사 생활에서 사각지대에 있는 듯한 기분이 들 수 있겠더라고요. 주니어는 주니어라는 이유로 케어받고 시니어는 리더 및 관리자로서 역할과 책임이 명확한 반면, 그 중간 연차들은 '당연히' 해내야 하는 일의 양은 많지만 충분히 인정받지 못하는 느낌을 받았거든요.

이런 구체적인 고민이 있는 데다 운영진도 당사자에 해당하므로 LBCC의 타깃으로 적합하다는 확신이 들었습니다. 이런 비슷한 경험과 연차를 가진 사람들을 '중니어'라는 새로운 단어로 규정해보면 재밌겠다는 생각이 들었어요. 그렇게 커뮤니티의 성격이 명확해졌죠.

LBCC를 '중니어' 커뮤니티라고 소개하니 '중니어는 몇 년 차부터 몇 년 차까지인가요?'라고 묻는 분들이 종종 계세요. 명확히 규정하기는 어려워서 '5년 차부터 13년 차까지?'라며 넘기곤 했는데요. 숫자로 정할 수는 없지만 운영진이 생각하는 중니어의 기준은 있어요.

첫 번째, 나의 도메인이라고 자신 있게 말할 수 있는 '분야'가 있어야 해요. 자신이 몸담은 산업의 메커니즘을 이해하고, 자신의 직무에서 문제를 해결해나가는 기준이나 문제를 해결하며 얻은 자신만의 인사이트가 있어야 한다고 생각합니다. 두 번째, (실무자가 아니더라도) 실무에 대한 감각이 살아 있어야 해요. 실무에서 손 놓은 지 오래라 피부로 와닿는 실질적인 인사이트가 없다면 중니어보다는 시니어라는 표현이 더 어울린다는 생각이 듭니다. 그런 의미에서 중니어는 '실무자'와 '초기 관리자' 정도를 커버하는 것 같아요.

LBCC의 주요 고객을 정의하고 나니 정말로 '중니어'를 위한 커뮤니티가 되면 좋겠다는 생각이 들었어요. 타깃을 정해놓고 그들과 동떨어진 플레이를 하고 싶지는 않았거든요. 특히 일을 더 잘하게 하는 이야기에서 나아가 중니어들의 삶을 더 풍부하게 만들 수 있는 이야기도 다뤄봐야겠다는 생각이 들었어요. 그 과정에서 영감을 받아 '중니어의 딴짓'이라는 주제로 모임을 열었습니다. 중니어로 구성된 멤버들에게 그간 LBCC 모임에서 나왔던 다양한 딴짓 이야기를 들려주고 싶었고, 각자 하고 있는 딴짓 이야기도 궁금했어요. 그리고 딴짓이 삶에 얼마나 유의미한 도움을 주는지 말하고 싶었고요.

대화를 나눌수록 '중니어'가 우리를 표현하는 핵심 키워드가 될 수 있겠다는 확신이 강해졌습니다. 우리 또래 나이, 연차를 가진 이들의 결핍에 주목해보기로 했어요. 사실 일에 숙련되면 딴짓할 시간적, 경제적인 여력이 생기잖아요? 진짜 '해보고 싶은 것'을 딴짓 삼아 시도하기 좋죠. 이런 도전 의식은 늘 우리를 더 나은 방향으로 이끌어준다는 걸 경험으로 알고 있으니까, 용기만 조금 내면 됩니다. 딴짓을 통해 의미 있는 모임인 LBCC를 만들어낸 것처럼 말이에요.

이러한 운영 방향성 때문인지 LBCC 모임 참여자 중에는 본업 외의 딴짓을 시도하는 분들, 지금은 본업을 열심히 하지만 언젠가 내 것을 해보겠다는 꿈을 꾸는 중니어 분들이 많아요. 본인의 분야에서 책을 출간하거나 강사로 활동하거나, 타 커뮤니티에서 모임장을 맡고 계시는 분도 자주 볼 수 있고요. 딴짓으로 유튜브를 시작한 분들도 계시죠. 평소 꿈꾸기만 했던 오프라인 매장을 오픈하는 분도 있어요. 그중에는 딴짓이 이미 본업이 되어 자기만의 단단한 세계를 구축한 멋진 분들도 계세요.

인생에 정해진 길이나 방향은 없습니다. 사회에서 규정짓는 방향과 조금 다르더라도 나다운 삶을 찾으려 끊임없이 시도하는 분들에게 LBCC가 도움이 됐으면 합니다. 다양한 삶의 레퍼런스를 공유하고 영향을 주고받는 장으로서요. 하나의 기준으로 옆 사람과 비교하면 고통스러울 수밖에 없잖아요. 게다가 인간은 환경의 영향을 많이 받을 수밖에 없는 존재고요. 하지만 조금만 관심을 가지고 주변을 둘러보면 다양하게 삶을 꾸려나가는 사람이 많거든요. LBCC에서는 자신만의 길을 멋지게 닦아나가는 사람들을 많이 만날 수 있습니다. 사실 LBCC 모임에서 가장 큰 도움을 받은 사람은 운영진이라고 말할 수 있을 만큼, 매주 참여자의 이야기에 자극받으면서 삶을 살아나가고 있습니다.

경력보다 경험이 궁금한 사람
결과가 아닌 과정이 빛나기 때문에

 '커리어'라는 단어는 직장인에게 늘상 잘해내야 하는 숙제처럼 따라다닙니다. 머릿속에 '커리어 패스'라는 표현도 자동 완성 되고요. 직장 생활을 하며 궁극적으로 특정 분야에 닻을 내리고 전문성을 쌓아야 한다고들 생각하기 때문에, 연차가 쌓일수록 '커리어'라는 단어가 더 무겁게 느껴집니다.

 '좋은 커리어'라는 실체 없는 함정에 빠져 내가 어떤 사람인지, 어떤 목적으로 달리는지 잊기도 합니다. 남들이 선망하는 직장에 다니고, 모두가 부러워하는 타이틀을 갖는 것만이 좋은 경력이라고 생각하는 사람도 많은 것 같아요. 이게 바로 '경력'이라는 함정이죠. 정답이 있는 영역도 아니거니와, 10년 차 직장인이 3년 차에 비해 경험의 밀도가 높다고 확신할 순 없으니까요.

그래서 LBCC에서는 남들이 보기에 좋은 경력을 가진 사람보다 '자기만의 고유한 경험'을 가진 사람을 호스트로 발굴하고 그들의 이야기를 꺼내는 데 집중합니다. 어떤 분야든 그냥 하는 사람보다는 '왜' 하는지 고민하고, 잘 해내려면 '어떻게' 할지 자기만의 방식을 벼리는 사람이요. 그런 사람은 한 자리에서 5년쯤 지나면 타인을 감화할 이야기가 생기기 마련이에요.

경력보다 경험을 중요하게 여기는 이유는 결과가 아닌 과정을 통해 배운 것이 더 의미 있다고 믿기 때문이에요. 겉으로 볼 땐 큰 차이 없어 보이는 경력도 '경험'이라 생각하고 이야기를 풀어내면 목표 지점까지 도달하는 방식과 노하우가 각자 다르더라고요. 개인의 이야기에 집중하면 온전히 개인의 색채가 담긴 스토리가 완성되고, 그것이 듣는 사람들에게는 큰 영감이 됩니다. 디테일할수록 참여자들의 만족도는 높아지더라고요.

이러한 운영 철학을 바탕으로 LBCC는 본업에 대해 깊이 고민하고 일의 경험과 과정을 중시하는 사람을 호스트로 초대해요. 또한 이런 특성을 극대화하기 위해 발표 자료 없이 자유롭게 대화하는 방식으로 진행합니다. 준비된 이야기는 '이미 가공된 정보'이지만, 대화하며 나오는 정제되지 않은 이야기에는 그 사람만의 '진짜 경험'이 담겨있기 때문이에요. 참여자는 호스트의 진솔한 이야기를 듣고 싶을 테고, 자연스러운 대화 형태라면 후속 질문도 쉽게 던질 수 있어 모임에 대한 만족감이 더 커질 테니까요.

운영 방침이 이렇다보니, 100% 대화 형태로 진행된다는 호스팅 가이드를 드리면 간혹 부담스러워하는 분들도 있어요. 그렇지만 걱정 가득 안고 오셨다가도 명 MC 준원의 물 흐르듯 자연스러운 진행 덕에 금세 긴장을 풀고 안정적으로 대화하시곤 합니다. 게다가 현장에서 좋은 질문이 많이 나오는 편이라 대화가 어렵지 않아요. 좋은 질문에는 좋은 답변이 따르기 마련이고, 디테일한 날것의 질문일수록 빛나는 인사이트를 나눌 수 있습니다. 또한 참여자 간 대화하는 분위기가 형성되어 더욱 다양한 이야기가 오가기도 하고요.

인사이트를 나누는 모임이 즐비한데도 LBCC로 모이는 이유는 호스트가 알고 있는 지식을 단순히 나열하는 것이 아니라 고민을 통해 얻은 '경험치'를 나누기 때문이 아닐까 생각해요. 대화를 통한 경험의 공유는 참여자에게 동기를 부여해주죠.

　경험을 나누면서 발견한 것이 있습니다. 우리가 말하는 '성공'이나 '실패'는 전부 과정상의 한 지점일 뿐, 우리는 언제나 조금 더 나아지기 위해 생각하고 몸부림친다는 거예요. LBCC에 중니어가 많이 오는 이유는 누군가의 성장 이면에서 노력과 어려움을 발견하고 나는 어떠한지 반추하는 기회를 제공하기 때문이라고 생각해요. 가끔은 오래 일했다는 이유로 틀에 갇혀서 생각했다는 반성도 하게 되죠.

　각자가 가진 고유의 이야기는 참 소중해요. 그 이야기가 밖으로 나와 다른 이에게 영향을 주면 가치는 더 커지죠. 앞으로도 우리는 경험을 서슴없이 꺼내놓을 수 있는 자리를 많이 만들고 싶어요. 얼마나 신기하고 재밌어요. 자기의 경험을 나눴더니 새로운 누군가의 색이 덧입혀져 채색된다는 것이요.

믐
웃

Interview
모임 기획을 즐기는 취향 부자 제연주 님

1. 다양한 사람들의 이야기에 주목하며 모임을 만들어가는 이유는 무엇인가요?

모임 안에서 제가 몰랐던 인사이트를 발견하고 배울 수 있기 때문입니다. 저는 누구에게나 배울 점이 있다고 생각하거든요. 모임이 아니었다면 만날 수 없었을 사람들과 연결되는 것 자체가 무척 특별합니다. 마음만 먹으면 책이나 유튜브 등을 통해 손쉽게 정보를 얻을 수 있는 시대에 살고 있지만, 그렇기에 대면해서 얻는 정보가 더 귀하고 매력적이란 생각이 듭니다. 모임에서는 양방향 소통을 통해 정보를 습득하므로 훨씬 입체적으로 다가오며 그만큼 오래 기억됩니다. 오프라인에서의 접촉이 훗날 또 다른 만남이나 작당 모의의 불씨가 되기도 하고요. 서로 이야기를 나누며 설득과 공감, 배움의 에너지를 주고받는 경험은 아직 온라인의 무언가가 대체하긴 힘듭니다.

모임에선 듣는 것뿐 아니라 필수적으로 말도 해야 하는데요. 덕분에 제가 평소 생각해오던 것을 말로 표현하면

> Interviewee
> - 다양한 플랫폼에서 독서 모임, 취향 모임 진행 중
> - 새로운 사람들과의 대화를 즐기는 대문자 E
> - 언제나 새로운 모임 기획을 꿈꾼다!

서 더 명료해지는 경험을 하게 됩니다. 혼자 글로 정리하는 것과는 또 다른 체험이라 은근한 힐링처럼 느껴지기도 합니다. 내가 생각하던 것이, 내 감정이 이런 거였구나 하고 새삼 깨달아요.

2. 독서 모임과 대화 모임 운영은 어떤 점에서 다른가요?

독서 모임은 책을 읽고 와서 대화를 나누는 것이라 기본적인 진입 장벽이 있어요. 하지만 대화 모임은 그 분야에 대한 호기심과 열린 마음만 있으면 바로 참여 가능해서 부담이 적은 것 같습니다. 독서 모임에는 책을 좋아하는 분들이 오시고 나중에 보면 성향이 비슷한 분들끼리 삼삼오오 모이게 되는 경우가 많고요. 책을 가볍게 읽어보려 참여했다가 겁먹고 탈주하시는 분도 더러 있는 듯합니다. 대화 모임은 그런 위험성(?)도 상대적으로 적고, 모임원의 다양성이 보장된다고 생각해요.

3. 취향 기반 모임을 만들 때, 특히 중점을 두는 요소는 무엇인가요?

개인적으로는 '누구도 소외되지 않는 것'이 가장 중요합니다. 취향에 대한 가벼운 관심만으로 참여한 사람도 자연스럽게 어울릴 수 있는 분위기가 중요하다고 생각해요. 즉 그 분야의 오타쿠와 초심자가 함께 있어도 대화의 비중이 한쪽으로 쏠리지 않고 서로가 서로를 궁금해하며 대화가 오가도록 호스트가 중심을 잡고 분위기를 만들어야 해요. 누군가 기분이 상할 수 있는 발언은 최대한 피하고, 그런 기미가 약간이라도 보이면 화제를 전환하는 등의 스킬도 필요하다고 생각합니다. 모두를 아우르도록 늘 섬세하게 중간을 지키려고 노력합니다.

4. 모임장으로서 가장 기뻤던 순간과 어려웠던 순간은 언제였나요?

가장 기뻤던 순간은 꼽기가 너무 어려운데(☺) '남의집' 모임을 했을 때 대화가 끊이지 않아 새벽 1시가 넘어서야 끝난 적이 있어요. 그다음 날 참가자분께 장문의 감사 메시지를 받았는데요. 제 모임을 통해 낯선 이들을 연결하고, 그 우연의 힘이 이들에게 생각 이상의 에너지를 선사했다고 생각하니 무척 뿌듯했습니다.

어려웠던 순간은 흔하지 않지만 간혹 빌런을 만날 때,

> **Check Point**
> 또 제가 직접적으로 '누군가에게 영향을 줄 수 있다는 것' 자체가 큰 성취감을 주는 것 같아요. 회사 서비스를 만들어가는 것도 보람 있지만, 피드백이 직접적으로 저에게 와닿지는 않잖아요.

혹은 더 깊이 이야기 나누고 싶은데 어쩔 수 없는 시간 제약 때문에 적당히 끊고 다음 순서를 진행해야 할 때 늘 고뇌에 빠집니다. '이 몰입의 분위기를 끌고 가자'와 '그래도 완주해야지' 사이에서 어떤 것이 옳을까 고민합니다. 한쪽으로 발언권이 쏠리는 게 느껴질 때도 어떻게 커팅해야 할까 생각하고요. 모임원들의 표정을 실시간으로 읽어내는 일 또한 늘 어렵습니다.

5. 모임을 만드는 일이 본업과는 꽤 다를 텐데, 모임 기획이 본인에게 어떤 의미를 갖나요?

모임을 만드는 건 제게 동력이 됩니다. 저는 성격상 사람을 좋아하고, 사람에게서 에너지도 많이 얻는데요. 지금 다니는 회사 규모가 작아 소셜링의 한계와 함께 심심함을 느낍니다(대문자 E☺). 이럴 때 모임에 가면 큰 기쁨을 얻어요. 또 제가 직접적으로 '누군가에게 영향을 줄 수 있다는 것' 자체가 큰 성취감을 주는 것 같아요. 회사 서비스를 만들어가는 것도 보람 있지만, 피드백이 직접적으로 저에게 와닿지는 않잖아요. 제가 재미있어서 기획한 것을 누군가도 즐거워한다는 사실이 저를 정말 정말 행복하게 합니다. 그리고 사실 제겐 먼 미래에 게스트하우스(또는 특정 장소를 기반으로 한) 호스트를 하고 싶다는 꿈이 있어요. 제주도 게스트하우스에서 잠깐 일한 적이 있는데, 그때 게스트들과 가진 간헐적 모임이 너무나 재밌었거든요. 아무튼 이 모든 호스팅은 제게 미래를 위한 준비 작업입니다.

6. 다양한 플랫폼에서 모임을 만들면서 각각의 기획 방식과 참여자에 차이가 있었나요?

네! 있었습니다. 독서 기반 모임을 운영해온 플랫폼에서도 호스트를 경험했는데요. 운영진이 독서 모임을 지속적으로 만들어왔기에 경험치가 있고, 그만큼 호스트에게 좋은 가이드가 되어주십니다. 하지만 그렇기에 그 가이드 안에서 움직여야 하는 불편함(?)이 있습니다. 강요하시진 않지만 암묵적으로 기존의 방식대로 하길 원하고, 그게 안전하다고 생각하시는(여태 그렇게 해왔으니까) 경향이 있어요. 그게 좀 아쉬웠습니다.

LBCC 셀렉트에서도 호스트 역할을 했는데, 제게 많은 자율이 주어진다고 느꼈습니다. 또 '세 번 정도는 해야 모임이 완성된다'는 준원 님의 말에 부담을 크게 덜 수 있었어요. 사실 잘 안되면 어쩌나 걱정도 많았는데 '저를 신뢰하니 제 방향성대로 가도 좋다, 지금은 만드는 과정이다'라고 말씀해주시는 것 같아 한시름 덜고 원하는 모임을 만들어갈 수 있었어요. 사실 성공 사례와 경험이 쌓일수록 가이드라인이 생기는 건 당연한 일이라 생각합니다. 따라서 지금 출발선에서 무언가 만드는 역할을 맡을 수 있었던 제가 큰 행운이라고 생각하고요. 영광일 따름입니다(☺).

7. 모임을 운영하면서 가장 어려운 점은 무엇인가요? 이를 해결하기 위해 어떤 방법을 사용했나요?

앞서 이야기했듯 모임의 축을 어떻게 잡고 갈 것인가가 최근의 가장 큰 고민입니다. 저는 여럿의 의견을 찬찬히 경청하는 게 좋거든요. 인원이 많아질수록 그걸 조금씩 포기해야 하는 게 아쉽습니다. 해결하기 위해 제 욕심을 버리기로 했습니다. 다른 모임에 놀러 가는 과정을 통해 호스트분들께 많이 배웠어요. 이야기를 확 끊는 게 제가 봤을 땐 너무 냉정한 거 아닌가 싶었는데, 대다수는 그렇게 생각하지 않는 것 같더라고요. 오히려 모임이 처지지 않고 일정한 스피드로 원활히 진행되는 느낌도 있고요. 아무튼 저도 경험치를 쌓는 과정에 있습니다.

8. 앞으로 꼭 만들고 싶은 모임이 있다면 어떤 것이며, 그 이유는 무엇인가요?

제가 3회까지 진행했던 시기상조라는 장례식 모티브의 모임이 있어요(인스타그램 @sigi_sangjo). 어떤 플랫폼도 끼지 않고 입소문으로만 진행했던지라 힘들었지만 저는 가장 적성에 맞는다(?)고 느꼈습니다. 피드백도 좋고 저도 재미있어서 꼭 재개하고 싶은데 다른 일들이 계속 우선순위를 꿰차는 바람에…. 올해는 꼭 다시 열려 합니다.

이 외에는 너무 대놓고 하지 않는 소개팅 콘셉트의 모임을 한번 만들어보고 싶어요(☺). 수요가 많은 것이 남녀 간 만남인데 대놓고 하는 건 또 쑥스러워하는 사람이 많더라고요. 시기상조가 잘됐던 이유도 일정 부분 자만추가 가능했기 때문이라고 생각하거든요(실제로 세 커플 탄생했고요). 무엇이 될지는 모르겠지만 저는 늘 모임을 만들고픈 생각으로 가득 차 있답니다. 우하하!

몽구스

모임의 기술,

그 세 번째

What

어떤 콘텐츠를 제공하는가?

누구를 모을지 정했다면
다음으로는 그들에게 '무엇'을 줄 수
있는지 생각해야 합니다.
사람들이 시간과 비용을 지불하며
이 모임에 참여해야 하는 이유가 무엇인지,
그들에게 어떤 '차별적 경험'을
제공할 수 있을지 고민해봅시다.
명확한 비전과 차별화된 브랜딩으로
우리 모임만의 특별한 경험을
제시할 때, 비로소 의미 있는 모임이
시작될 수 있습니다.

모임었

사람들이 굳이 우리를 찾게 만드는 차별화
다른 커뮤니티와 구별되기 위해 어떤 생각을 해야 할까?

시작하기 전에는 잘 몰랐는데 오프라인 커뮤니티가 참 많아요(물론 우후죽순 생겨나서 몇 달 뒤 사라지는 게 대부분이지만…. 여러분이 만들 커뮤니티는 살아남아 좋은 멤버들과 성장하는 기쁨을 누렸으면 좋겠어요). 이렇게 커뮤니티가 활발하게 생겨나는 때에 'LBCC는 다른 모임 및 커뮤니티와 무엇이 다른가?'에 대한 결론을 내리기보다 '다르게 만들기 위해서 우리는 어떤 생각을 했는가'에 대해 적어보려고 해요. 어디선가 본 커뮤니티를 복제하는 것이 아니라 여러분만의 유니크한 커뮤니티를 만들고 싶다면 함께 고민해보세요.

지향점: 우리가 시작할 때, 어떤 이야기가 오갔는가?

커뮤니티가 바라보는 곳, 즉 지향점이 매력적일수록 사람들은 가치 있다, 좋다 등 다소 추상적이지만 긍정적인 리뷰를 남깁니다. 커뮤니티가 어떤 관점으로 세상을 바라보는지를 정리하기란 쉬운 일이 아닌 것 같아요. 충분한 시간과 고민이 필요하죠. 어렵다면 이것을 기억하세요. '사람들이 무엇에 반응하는지'를 알고, 그들에게 어떤 이야기를 건넬 수 있는지에 집중하는 것이 첫 단계입니다.

모임이란 게 겉에서 보기엔 다 비슷해요. 독서 모임, 돈 공부, 미라클 모닝 등 특정 '목적'을 갖고 관심사가 비슷한 이들이 모인다는 점에서요. 그래서 같은 주제라도 차별점을 만들 방법을 고민하게 되는데요. 이때 손쉬운 접근 방식은 요즘 사람들이 좋아하는 키워드로 트렌디한 콘셉트를 잡는 것입니다.

그런데 운영진은 이 방법을 선호하지 않아요. 추천하지도 않습니다. 트렌드를 따라 모임을 만들고 커뮤니티를 구성하면 시간이 지났을 때 난감해져요. 트렌드는 금세 변하고, 뒤처진 커뮤니티는 구식으로 보이기 때문이죠.

추천하는 차별화 방식은 트렌드의 반대 지점을 생각하는 거예요. LBCC를 시작할 때 가장 많이 언급되던 화두는

'갓생'이었어요. 그리고 반대 지점에서 '걍생(걍 산다)' 키워드가 스멀스멀 등장하고 있었죠. LBCC는 정체성을 'lazy'로 정하고 느슨함을 지향했기 때문에 타 모임들이 성장과 성취를 강력히 외칠 때 다른 방향을 택할 수 있었어요.

무작정 멋진 이름을 추구하기보다는 잘 어울리는 형용사를 활용해서 모임의 이름을 정하는 것도 좋은 방법입니다. 아, 그렇지만 좋아 보이는 단어를 다 집어넣는 것은 금물이에요. '느슨한 모임'이라고 해놓고 실제로는 열정러들만 모여 있다면? 혹은 실제로는 학연, 지연 찾으며 끈끈하게 접촉한다면? 진짜 느슨한 모임을 원해서 온 사람은 당황할 수 있거든요. 가장 좋은 방법은 모이는 사람들의 특성을 반영하는 '가치'가 담긴 단어를 선정하되, 시대가 주목하는 키워드와 어떻게 차별화할지 고민해보는 거예요. 차별화는 트렌드를 좇는 것이 아니라 트렌드에 반할 때 생긴다는 생각을 갖고요.

목적과 미션: 모임을 진행하며 하나씩 발굴했는가?
커뮤니티가 존재하는 이유를 명확히 정의하고, 이를 바

탕으로 다른 커뮤니티와 구별되는 독특한 목적을 설정하는 것도 좋습니다. 예를 들어, LBCC는 '자기 일에 진심이고 지적인 대화를 선호하는 보석 같은 사람들을 모아보자'는 목적을 정하고 모임을 시작했어요. 그리고 돈을 벌기 위해 불안을 판매하는 세태에 반하여 우리는 조금 느긋하게, 여유를 지향하면 좋겠다는 방향으로 발전했고요. 모임을 해보다가 '중니어'라는 키워드를 만들면서 '게으를 수 있는 삶을 지향하는 중니어 커뮤니티'로 태그라인을 만들었죠. 이후에 LBCC 주말 모임에서 두각을 나타낸 호스트만 오픈할 수 있는 'LBCC SELECT(셀렉트)' 모임을 만들면서 'LBCC는 은둔워커°를 발굴하고 그들의 경험을 세상과 공유한다'는 가치 문장도 만들었어요.

LBCC의 미션은 지금도 계속 만들어지고 있어요. 좋은 사람들을 모아 인사이트 있는 대화를 나누면서요. 목적과 미션을 설정하면 그것은 곧 커뮤니티의 방향성이 됩니다. 목적성에 부합하는 사람들이나, 목적이 필요한 사람들, 목적에 참여하고 싶은 사람들이 커뮤니티에 주목하고 모이게 돼요.

° **회사에서 자신에게 맡겨진 일을 묵묵히 수행하면서 실력이 쌓인 사람들을 일컫는 말**

타깃: 모임에 자주 오는 사람들의 특징을 찾았는가?

앞에서 언급한 것처럼 LBCC는 처음부터 타깃을 '중니어'라고 특정하지는 않았어요. 모임을 지속하다보니 자연스럽게 타깃이 정해졌죠. 그렇다고 처음에 타깃을 잡지 말란 뜻은 아닙니다. 초반에 마중물이 될 사람을 섭외해서 모임을 열고 후기를 모으는 것은 중요해요. 그리고 모임에 자주 방문하는 사람들의 특징을 살펴보며 '우리를 선호하는 고객은 누구인가'를 연구하면 타깃 파악에 도움이 됩니다.

'중니어'는 모임을 자주 찾는 이들의 특징을 놓고 대화하던 끝에 발견한 결과물이었어요. 처음부터 '중니어를 타깃으로 모임을 열 거야!'라고 생각한 것은 아니었죠. 타깃을 설정하되 실제 방문자에 따라 언제든 변경할 수 있는 유연성이 필요한 것 같아요.

고유성: 그 커뮤니티만의 독특한 콘텐츠를 제공하는가?

누구나 소비할 수 있는 콘텐츠나 정보를 가치 있다고 말하지는 않잖아요? 직접 와서 보고 듣고 대화에 참여해야만 얻을 수 있는 정보나 인사이트는 모임이 주는 가장 큰 베네핏입니다. 모임에 오고 싶게끔 하는 동인이 되고요.

즉, 커뮤니티를 만들기 위해서는 모임을 통해 고유한 콘텐츠를 제공하는 것이 중요합니다. 누구나 다 하는 뻔한 이야기 말고 진짜 실무자가 아니면 해줄 수 없는 '경험치'가 담긴 이야기 말이죠. LBCC는 호스트 섭외 문의 시 어떤 경험을 공유해주실지 물어봐요. 그리고 진짜 당사자의 이야기를 중심으로 발제해요. 이 주제에 공감해서 대화할 수 있는 사람들을 모으고요. 그래서인지 '대화해보고 싶었던 주제여서' 참여했다는 후기가 많아요. 소속을 노출하기 어려운 직장인들이 많아서 호스트에 대한 소속 정보나 이름이 많이 노출되지는 않는데도 모임 신청률이 높은 이유가 여기에 있는 것 같아요.

또 하나, LBCC 모임에는 멤버 제도가 있어요. LBCC는 경험치를 기꺼이 나눌 줄 아는 기버$_{giver}$를 모으기 위해 노력하는데요. 우리는 '모임 참여'도 커뮤니티에 기여하는 행동이라 생각해요. 대화는 호스트 혼자 할 수 없기 때문이에요. 그래서 호스트로 한 번 이상 참여하거나, 모임에 세 번 참여하면 '멤버' 자격을 얻게 됩니다. LBCC 멤버들이 모인 '멤버 카톡방'이 존재하고 여기서 모임 이후의 소통, 협업, 문의 등 다양한 교류가 추가로 이루어져요. 인력을 구하기도 하고, 브랜드 간 콜라보를 진행하기도 하고요. 만나보고 싶었으나 만나지 못했던 이전 모임 호스트들을 카톡방에서 만날 수도 있습니다.

또한 오프라인 모임에서 나왔던 인사이트를 노션에 기록하고 있는데요. 멤버들은 이 아티클을 언제나 무료로 볼 수 있어요. 참여하지 않은 모임의 아티클도 전부 읽을 수 있기 때문에 이를 위해 모임에 세 번 참석하는 분들도 있어요. 게임 퀘스트 깨는 것 같아서 얼른 세 번을 채우고 싶다고 하는 분도 있고요. '콘텐츠에 대한 호기심'이 중요함을 알 수 있는 대목입니다. 모임을 기획한다면 오프라인 모임에서 제공할 콘텐츠뿐 아니라 꾸준히 참여하도록 자극할 이후 콘텐츠가 필요해요. 그래야 모임을 지속적으로 운영할 수 있을 테니까요.

참여자: 우리 커뮤니티에서만 볼 수 있는 사람이 있는가?

앞에서 '제한된 콘텐츠'가 궁금하고 가치 있게 느껴지기 때문에 참여 동기가 강화된다고 말씀드렸는데, 커뮤니티 구성원도 그런 면에서 좋은 콘텐츠가 되는 것 같아요. 다른 커뮤니티에서는 볼 수 없는 사람을 모으면 됩니다. 그러면 그 사람처럼 되고 싶은, 혹은 그 사람과 교류하고 싶은 사람들이 모이더라고요.

LBCC 인스타그램 계정은 멤버들만 팔로우하기에 누가 LBCC 멤버인지 쉽게 알 수 있어요. 그래서 유명인, 전문가, 지식인 중에서도 평판이 좋은 '옥석' 같은 분들과의 교류를 늘리려 노력하죠. 좋은 사람을 모았더니 자연스럽게 좋은 사람들이 더 많이 모이는 선순환이 이어집니다.

또한 세 번이나 주말 오전에 일어나서 참석해야 한다는 허들이 강력한 편인지 진심인 분들이 모이더라고요. 높은 신청률을 뚫고 선발되었는데도 주말 오전이라는 점 때문에 못 오시는 분들도 계시거든요.

아, 여러분의 커뮤니티를 따라 하는 신규 커뮤니티가 생기기도 할 거예요. 어떻게 아냐고요? 우리도 알고 싶지는 않았어요☺. LBCC와 유사하게 '레이지'나 '느슨한 연대'를 내세워 소개하는 커뮤니티가 생겼다는 제보를 종종 받습니다. 기분이 썩 유쾌하지는 않죠. 그래서 불같이 화를 내느냐? 그렇지는 않아요. 오히려 LBCC가 새롭게 시작하는 커뮤니티의 롤모델이 되었다는 생각에 감사한 마음입니다(물론 도용은 법적조치!). 처음에는 LBCC를 참고했어도 얼마 지나지 않아 자신들만의 결로 커뮤니티를 만드는 게 더 수월함을 깨닫고 자연스럽게 차별화의 길을 걸어갈 거라 믿어요.

Doing Kit

모임 차별화 요소 찾기 템플릿
다른 모임과 구별되는 가치를 찾아봅시다.

지향점 : 우리 모임 · 커뮤니티의 지향은 무엇인가요?

목적 : 다른 커뮤니티와 구별되는 우리 모임만의 독특한 목적은 무엇인가요?

타깃 : 모임에서 모으고 싶은 사람들의 특징은 무엇인가요?

발견 : 우리 모임을 선호해서 재방문한 사람들의 공통 피드백은 무엇인가요?

고유성 : 우리 모임·커뮤니티에서만 제공하는 콘텐츠가 있나요?

참여자 : 우리 모임·커뮤니티에서만 만날 수 있는 사람이 있나요?

실전! 커뮤니티 브랜딩
현업에서 배운 내용 실전에 적용하기

　커뮤니티 브랜딩을 한 문장으로 요약하자면 '일관된 콘텐츠를 가지고 일관된 방향으로, 지속적으로 운영한다' 정도로 말할 수 있어요. 커뮤니티는 특히 명확한 존재 이유와 방향성을 가져야 해요. LBCC는 '게으를 수 있는 삶을 지향하는 중니어 커뮤니티'라는 메시지를 인스타 소개란에 노출하고 있어요. '레이지버드'라는 이름 때문에 '게으르게 살자'는 커뮤니티로 오인될 때가 있었는데요. LBCC가 나누는 이야기들은 건설적이었기 때문에 커뮤니티 정의를 정말 많이 고민했어요(64쪽에서 보여드린 것처럼 태그라인을 여러 번 바꾼 이유도 이 때문이고요).

커뮤니티는 비전을 한 줄로 설명할 수 있어야 한다

한 줄로 설명하는 메시지(태그라인)를 정하고 오랜 시간 밀어붙이면 사람들은 그대로 인식하게 됩니다. 사실 브랜드란 상표일 뿐이고, 사람들이 지지하고 좋아하는 것은 '상표를 만든 이들이 지향하는 바'라고 생각하거든요. 사람들이 브랜드의 제품이나 서비스를 구매하고 행사에 참여하는 것도 이 때문입니다. 간단히는 이런 걸 '브랜딩'이라 부르는 거고요. 예를 들어 환경 보호를 목표로 하는 러닝 커뮤니티는 '지속 가능한 미래를 위해 러닝하며 쓰레기를 줍는다'는 목적을 갖고 활동해요. 이 목적은 커뮤니티 구성원들이 왜 이 커뮤니티에 참여해야 하는지 이해를 돕고, 당위성을 주죠. 다른 말로 하면 '비전'이라고도 할 수 있어요. 커뮤니티가 장기적으로 달성하고자 하는 목표와 이상을 보여줘야 그 가치를 추구하는 사람들이 커뮤니티에 합류하니까요.

실전! 브랜딩을 위해 생각해야 할 세 가지

 이제 실무적인 브랜딩에 대해 이야기해볼게요. 준원은 브랜드 마케팅 에디터로 일했었고, 소연은 AE로 일하고 있어요. 본업이 본업인지라 브랜딩이란 주제에 대해서는 한도 끝도 없이 이야기할 수 있을 정도예요. 너무 장황하면 아무것도 머리에 남지 않을 테니 커뮤니티 브랜딩에 필요한 것 세 가지만 쏙쏙 뽑아 소개할게요. 즉 타깃을 가장 효과적으로 모을 수 있는 '채널', 그들과 소통하는 '어조와 말투(voice of tone)', 마지막으로 디자인을 뜻하는 '비주얼 아이덴티티(look & feel)'입니다.

확산을 위한 채널

 사람들을 모을 때 모집 채널 선정이 중요해요. 타깃이 좋아하는 채널에서 타깃이 선호하는 톤으로 메시지를 던져야 우리가 모으고자 하는 사람들이 올 테니까요. 당연한 이야기로 느껴지겠지만 구체화하는 것은 생각보다 어렵더라고요. LBCC는 채널을 두 가지 용도로만 생각했어요. 첫째는 타깃들이 애용하고 후기를 올릴 수 있는 확산 채널, 둘째는 모임에 참가한 사람들을 수집하고 지속적인 교류가 일어나는 수집 채널이에요.

 일단 사람을 모집하기 위해서는 확산 채널이 필요합니다. 유튜브가 될 수도 있고, 인스타그램이 될 수도 있고, 스레드가 될 수도 있어요. 제작할 콘텐츠 방향에 따라서 정하는 거죠. 커뮤니티에 관심을 가질 만한 사람들에게 호기심과 효용을 주는 정보성 콘텐츠를 발행해두시고요. 그 콘텐츠에 효용을 느껴서 사람이 모이고 오프라인 모임에도 관심을 가지게 하세요.

 LBCC는 초반에 모임 모집, 모임 장소, 모임 리뷰 등 세 가지로 나누어 인스타그램 콘텐츠를 발행했어요. 그러나 모임 장소 노출에는 예상했던 효용 가치가 없다는 걸 확인하고는 모임 모집 콘텐츠와 모임 리뷰 콘텐츠만 게시하고 있어요. 모임 리뷰 콘텐츠에 너무 많은 정보를 흘리지도 않아요. 사람들은 생각보다 많은 정보를 필요로 하지 않더라고요.

 다만 확산 채널에서 어떤 뉘앙스로 사람들과 소통할지에 대해서는 고민이 많았어요. 언어적인 부분에서 신경 쓴다는 건 '굳이'라는 단어를 정말 많이 써야 하는 일이에요. 예컨대 모임 신청 결과를 안내하는 메시지를 보낼 때,

선정된 사람에게는 반가운 환대의 말을 건네고 모임에 함께하지 못하게 된 사람에게는 '굳이' 아쉬운 마음을 담아서 멘트를 작성하고 보내거든요. 어떤 커뮤니티는 탈락자에게 별도로 연락하지 않을 정도로 운영의 효율화에 애쓰지만, LBCC는 비효율적이더라도 굳이 연락을 하는 편이에요. 만나지 못한 아쉬운 마음을 전하기 위해서요. 이런 메시지 덕분인지는 모르지만 팔로워 이탈이 적은 편이고 생각보다 많은 분이 오히려 응원해주세요. 다음에 꼭 보자고, 안내해줘서 고맙다는 이야기도 하시고요. 효율과는 거리가 멀지만 '굳이' 건네는 말들이 커뮤니티에 애정을 갖게 하는 게 아닐까 싶어요.

수집을 위한 채널

모임을 열기만 하고 멤버들을 수집하지 않으면 커뮤니티로 성장할 수 없어요. 커뮤니티의 베이스캠프가 있어야 합니다. 우리 모임에 지속적으로 방문하는 사람들을 카카오톡 오픈채팅방에 모을지, 슬랙에 모을지, 네이버 밴드에 모을지 정해야 하죠. 대개 연령대가 높으면 네이버 카페나 밴드를, 2030 세대라면 카카오톡 오픈채팅방, 슬랙이나 디스코드를 활용하는 것 같아요.

LBCC는 카카오톡 오픈채팅방을 이용해요. 카카오톡에는 대부분 가입되어 있고, 다른 메신저를 새로 설치하는 번거로움을 최소화하고 싶었기 때문이에요. 사람들이 쉽게 찾아오기를 바라는 마음으로 카카오톡을 선택했어요.

단점이 있다면 정보가 아카이빙되지 않고 게시판 기능을 활용하기 어렵다는 것입니다. 게시판에 정보를 아카이빙할 계획이라면 슬랙을 추천해요. LBCC가 다른 채널을 쓰지 않는 이유도 궁금해하실 것 같아서 덧붙여볼게요. 슬랙은 일할 때 자주 쓰는 툴이기에 사용하지 않아요. 업무용 채널에 또 들어오기 싫을 수 있을 듯해서요. 디스코드는 생소하게 느끼는 분들도 많아서 안 쓰고요.

어조와 말투(voice of tone)

한국 사람들은 어조에 예민하죠. 말다툼할 때 '그래 네 말 알겠는데, 왜 말을 그렇게 해?'라고 반응하는 데서 잘 드러납니다. 옳고 그름보다 말에서 풍기는 뉘앙스에 감정적인 영향을 받거든요. 그래서 'LBCC는 전략적으로 30세 여성으로 채널 보이스를 선정하고 응대했어요!'라고 전문적으로 쓰고 싶지만… 사실은 그렇지 않았고요.

불행인지 다행인지 모르겠지만 운영진 둘 다 말에 좀 예민해요. 아 다르고 어 다른 걸 구분하는 편이라서 '세심하게 친절하기'를 모토로 외부에 내보내는 모든 콘텐츠 문안의 기준을 만들었어요. 전반적인 소개 문구는 평서문에서 약간 친절한 정도로 쓰고, 너무 딱딱할 것 같을 때는 이모지를 추가해요. DM에서는 친근하되 세심하게 접근하려 하고요(준원의 저서 《훅 끌어당기는 콘텐츠 마케팅》 댓글리케이션 부분 참고!). 이를테면 그냥 메시지만 보내도 되지만 일부러 하나하나 이름을 붙여서 보낸다거나, 탈락을 전할 때는 메시지를 열 가지 버전으로 준비해두고 그걸 또 커스텀해서 보내는 식이죠.

언어적인 가이드라인은 사실 명확하게 정하기 어렵습니다. 표준화하기도 어렵고요. 그런데 꼭 표준화해야 할까요? LBCC 운영진은 그렇게 생각하지 않았어요. 커뮤니티는 사람들을 모으는 게 중요한데 표준화된 대응을 하는 게 맞을까 싶었거든요. 친근한 커뮤니케이션을 위해 손이 많이 가더라도 각자의 히스토리를 파악하고 응대하는 것이 중요한 것 같아요. 우리는 사람을 얻는 일을 하고 있는 거니까요. 친근하되 신뢰감을 주도록 뉘앙스 조정이 필요하죠. 아, 물론 이 부분은 커뮤니티마다 다를 테니 각자의 스타일로 잡아보기를 추천합니다!

비주얼 아이덴티티(look & feel)

 어쩔 수 없이 눈에 보이는 게 정말 중요해요. 브랜딩을 위해 '비주얼 아이덴티티'를 정립한다면 크게 세 가지를 생각해볼 수 있어요. 컬러칩(색상 팔레트), 폰트, 이미지 혹은 일러스트죠. 이런 요소가 정해지면 로고를 완성하고요. 보이고 느껴지는 것을 정하는 작업은 생각보다 복잡하기 때문에 디자인을 잘 모르는 분들이라면 디자이너를 팀원으로 영입하거나 외주 디자이너와 작업하는 걸 추천해요.

 LBCC의 비주얼 아이덴티티는 멤버인 그래피그래피의 박재형 디자이너님이 맡아주셨는데요, 초기부터 지금까지 인스타그램 피드가 느낌 좋다는 피드백을 많이 들었어요. 그런데 이 과정에서 중요한 점을 하나 깨달았습니다. 비주얼 아이덴티티를 정한 후 계속 일관된 콘텐츠를 올려야 해요. 새로움을 추구한다고 중구난방으로 콘텐츠를 올리는 게 좋아 보이지 않더라고요. 고루하게 하나의 타입으로만 게시하라는 건 아니지만, 확산용 채널에선 통일된 디자인이 브랜드 인지도 향상에 중요한 역할을 합니다. 브랜딩이란 결국 '각인을 통한 알아챔'에 있으니까요.

많은 브랜드와 커뮤니티가 이름을 정한 후 바로 로고를 만들고 인스타그램을 시작한다고 생각해요. 뜨끔했나요? 사실 LBCC도 별반 다르지 않았어요. 다만 LBCC는 로고를 만들기 전 파일럿으로 4회의 모임을 가졌어요. 그 후 한 달 쉬며 실제 모임 경험을 바탕으로 어떤 방향성을 가져갈지 정하고 로고를 만들었어요.

로고는 그냥 갑자기 뚝딱 나오는 건 아니고요. 디자이너와 논의하여 우리가 지향하는 가치들을 타이포로 표현할지, 캐릭터를 이용해 상징적으로 표현할지 정하는 비주얼 아이덴티티 작업을 거쳐야 해요.

LBCC를 시작한 지 2년을 넘긴 지금, LBCC도 그간의 기록을 바탕으로 정체성을 차근차근 정리하고 있어요. 모임 외에도 LBCC 셀렉트, 모임 공간 기획 등 여러 프로젝트를 시도하고 있어서 모든 디자인을 한 번에 완성도 높게 변경하기란 꽤 어려운 일이더라고요. 그래서 업데이트 때마다 조금씩 시도하면서 확장하는 중이에요. 완결성을 높이는 것도 중요하지만, 너무 낯설어서 LBCC를 못 알아보면 안 되니까요!

커뮤니티 브랜딩은 생각보다 지난한 과정인 것 같기도?

브랜드가 브랜딩을 할 때에 주로 어떤 활동을 할까요? 타깃이 모여 있는 채널을 발굴하고, 지속적으로 일관된 메시지를 노출하며 상품을 광고하는 등 다양한 노력을 합니다. 고객들에게 우리 콘텐츠를 노출하고, 좋은 이미지를 얻기 위해서요. 커뮤니티 브랜딩도 이와 크게 다르지 않다고 생각해요. 우리의 상품은 '모임'이니까 좋은 모임을 만들고 잘 알려서 모임이 지속적으로 열리게 만들어야 하고, 이 과정에서 모인 사람들이 '커뮤니티 멤버'가 되는 거고요. 이때 어떤 멤버들이 참여하는지에 따라 커뮤니티 브랜딩의 향방이 결정되죠. 유명인이 들어오면 당장 모객에는 도움이 되겠지만 유명인들만 모인다고 해서 저절로 브랜딩되는 것도 아니에요(여행 인플루언서들이 모인 여행 커뮤니티 같은 특수한 경우라면 또 다르겠지만요). 인지도보다 진정성 있는 사람들, 이 커뮤니티를 아끼고 기여하고 싶어 하는 이들을 많이 모으면 브랜딩에 성공한 거라 생각해요. 자발적 팬을 만드는 게 기준이 된다고 할 수도 있겠네요.

결국 커뮤니티란 '인간적'인 게 핵심입니다. 잘 주고 잘 받는 '사람'을 모으는 게 중요해요. 물의를 일으키는 회원이 없도록 주의하고, 좋은 멤버들을 모아 마을을 만드는 느낌이랄까요. 커뮤니티 브랜딩의 특수성은 커뮤니티의 중심이 사람이며, 관계와 상호 작용이 중요하다는 것이에요. 그래서 까다롭지만 재미있습니다.

Doing Kit

태그라인을 뽑아내기 위한 질문 템플릿
아래 질문에 답하며 태그라인을 만들어봅시다.

구분	커뮤니티·모임 이름 예: 레이지버드커피클럽(LBCC)
타깃은 누구인가요?	커뮤니티가 주요 대상으로 삼는 사람들을 구체적으로 정의해요. 예: 회사에서 일이 손에 좀 붙어서 시간적, 경제적 여유가 있으며 앞으로의 삶에 대한 고민을 가진 중니어(3~13년 차)
모이는 이유(목적)는 무엇인가요?	모임의 목적을 기반으로, 모여서 무엇을 하는지를 정의하며 동사를 획득해보세요. 예: 매주 주제를 정해 대화, 자유토론, 플로깅, 러닝 등
어떤 특징이 있나요?	우리 모임과 다른 모임을 구분하는 특성, 차이점을 기반으로 우리 모임을 소개하는 수식어를 획득해보세요. 예: 매주 다른 호스트를 지정해 새로운 주제로 접근해요. 호스트가 주도하는 강의나 토론이 아닌 시각 자료 없는 대화를 지향해요.
모임의 비전은 무엇인가요? (가치 문장)	모임 참여자들이 우리의 지향을 알고 참여할 수 있도록 적어봅시다. 예: 누군가의 말을 듣기만 했고, 누군가는 꼭 이기거나 자랑해서 돋보여야 하는 소모적 소통에 지친 이들에게 안전하고 진솔한 대화의 기회를 제공한다.
태그라인	문장을 완성해보세요. 우리 (모임)은 (수식어)한 비전을 가진 (타깃)들이 모여 (동사)하는 커뮤니티입니다.

다양한 형태의 모임 시도하기
모임을 100회 이상 운영하며 얻은 교훈

 LBCC를 운영한 지 2년, 처음에는 단순한 대화 모임으로 시작했지만 시간과 장소, 진행 방식에 변화를 주며 다양한 형태의 모임을 만들어왔어요. 그 과정에서 수많은 시행착오를 겪었죠. 성공적으로 자리잡은 모임도 있지만, 이제는 사라져 다시는 만날 수 없는 모임도 있어요. 하지만 경험보다 좋은 스승은 없다는 말처럼 그만큼 많은 것을 깨달았어요.

 이번에는 다양한 모임을 운영하며 얻은 '날것 그대로의 교훈(lesson learned)'을 공유하려고 해요. 여러분은 같은 시행착오를 겪지 않길 바라면서요. 물론 100%의 실패란 없어요. 모든 경험은 축적되며, 같은 방식이라도 여러분이 운영하면 전혀 다른 방식으로 성공할 수도 있을 테니까요.

대화 자체가 콘텐츠인 모임 (a.k.a. 일요일 아침 정규 모임)

커뮤니티에는 목적 지향적인 사람들이 모여요. 그중에서도 대화 모임은 대화 자체가 목적이자 콘텐츠인 모임이라 미리 준비하는 데 한계가 있습니다. 호스트가 화두를 정하는 정도죠. 대부분의 대화는 즉흥적으로 흘러가기 때문에, 모더레이터의 역할이 중요해요.

모더레이터는 대화의 흐름을 잘 읽으며 순발력 있게 개입하고, 말을 하지 않은 사람에게는 자연스럽게 질문을 던지는 역할을 해야 해요. 매번 현장에서 질문을 던지기가 어렵다면 단톡방을 활용하는 것도 좋은 방법이에요. 모임 시작 전에 '질문은 단톡방에 올려주시면 순서대로 대화에 활용하겠습니다'라고 공지하면 참여자들이 질문을 남겨주더라고요. 참가 신청을 받을 때 미리 질문을 받아두는 것도 유용합니다.

또 하나 유의해야 할 점은, 주제가 너무 전문적이면 대화가 '호스트 1 : 참여자 다수' 형태의 질의응답식으로 진행될 가능성이 높다는 거예요. 이럴 때는 모더레이터가 중간중간 다른 참여자에게 질문을 던지거나 모임 신청 때 받은 자기소개 내용을 참고해 대화 흐름과 관련된 사람에게 발언권을 주는 게 좋아요. 이런 식으로 대화를 유도하면 하나의 주제에 대해 모두가 꼬리에 꼬리를 물고 질문과 답변을 이어가는 풍성한 대화가 가능해져요.

참여 독려를 위해 작은 보상을 활용하는 것도 좋은 방법이에요. 예를 들어 초코칩 쿠키 한 통을 가져가서 호스트나 모더레이터가 대화에 적극적으로 참여한 사람에게 나눠주도록 하면 어른들도 과자 하나 받으려고 더 적극적으로 참여한답니다(의외로 효과적이에요!).

연속성이 있는 독서 모임

대화 모임은 단발성이라 희소성은 높지만 연속성이 떨어지는 한계가 있어요. 그래서 지속적으로 이어갈 수 있는 독서 모임을 기획했어요. 스타트업 경영서를 읽고 준원이 요약문을 발제하는 방식이었습니다. 그런데 첫 모임에서 예상치 못한 문제가 발생했어요. 시간 조절을 잘못해서 2시간 중 1시간을 혼자 떠들어버린 거예요. 물론 참여자들은 "준비를 많이 하셨네요"라며 긍정적인 피드백을 주었지만, 독서 모임에 온 이유는 '함께 이야기하기 위해서'였을 거예요. 모임이 정보 전달 위주로 흘러가니 대화가 깊어지지 못하고, 결국 혼자서 질문을 던지는 형태가 되어버렸죠.

그래서 다음 회차부터 운영 방식을 바꿨어요. PPT로 만들었던 발제문을 노션으로 바꾸어 공유하고, 요약보다는 질문 위주로 구성했어요. 그러자 참여자들이 자연스럽게 의견을 나누며 토론이 훨씬 활발해졌어요. 이 경험을 통해 같은 콘텐츠도 어떤 형식으로 전달하느냐에 따라 분위기가 완전히 달라진다는 걸 깨달았어요. 책 내용을 전달하는 것보다 참여자들이 직접 이야기 나누는 구조를 만드는 것이 핵심이더라고요.

비대면 모임

 LBCC에는 1년 넘게 운영 중인 온라인 비대면 모임이 있어요. 바로 '모닝 글쓰기 클럽'입니다. 온라인 기반의 다른 모임도 기획했었지만 살아남은 건 이 모임 하나입니다. 심지어는 규모가 커져 시간대를 둘로 나누어 운영하고 있죠. 아침에 일어나기 어려운 분들을 타깃으로 기획한 '굿나잇 글쓰기 클럽'과 목표를 덜 부담스럽게 달성해보자는 의도로 기획한 '느슨한 목표 달성 클럽'은 2기까지 열렸지만 참여자가 절반으로 줄어서 운영을 중단했어요. 1년 이상 꾸준히 성장하고 있는 모닝 글쓰기 클럽, 시간대만 다른데 모객이 안 된 굿나잇 글쓰기 클럽과 두 번 하고 폴더폰처럼 반으로 접혀버린 목표 달성 클럽까지, 온라인에서 잘된 모임은 무엇이 달랐고 사라진 모임의 이유는 무엇인지 고민해봤어요.

 모닝 글쓰기 클럽이 흥한 이유는 목적과 장점이 뚜렷하기 때문이라 생각해요. 평일 아침 출근하기 전, 비대면으로 모여서 한 시간 동안 글을 쓰는 강제성이랄까요. 생각해보면 저녁에는 야근하거나 퇴근 후 다른 일정이 있을 때도 있지만 아침에는 그런 게 없잖아요? 그래서 '방해받지 않는 시간에 나를 위해 가장 신선한 에너지를 쓰겠다!'는 생각으로 많이 참여하세요. 습관 형성, 루틴 등 좋은 말들이 있지만 무엇보다 매일 작은 결과물을 만들고 성취로 하루를 시작한다는 점에서 이 모임은 재등록하시는 분들이 정말 많아요.

반면 굿나잇 글쓰기 클럽은 모닝 글쓰기 클럽을 보완하는 성격으로 기획했습니다. 평일 밤 11시부터 12시까지 하루를 정리하는 글을 쓰고 자러 가는 걸 목표로 삼았어요. 그런데 자기 전에 글을 쓰는 행위에 대한 수요가 딱히 없더라고요. 자기 전에는 오히려 독서 수요가 많았어요. 그래서 굿나잇 독서 클럽으로 바꾸었는데… 독서는 굳이 모여서 할 필요가 없잖아요? 그래서 역사의 뒤안길로 사라져버렸습니다. 더욱 아쉬웠던 건 모닝 글쓰기 클럽과 동일한 포맷이었지만 참여 인원이 절반 이하였고 결석도 아주 많았다는 점이에요. 모임의 목적과 시간대를 함께 고려하는 것도 중요하다는 깨달음을 얻었습니다.

느슨한 목표 달성 클럽(느목달)은 LBCC 1년 차에 열린 비대면 챌린지형 모임이에요. 단톡방에서 각자 한 달간 달성할 목표를 정한 뒤, 매일 목표한 바를 인증하고 달성률 80%이면 디파짓을 모두 환급해주는 프로그램이었어요. 모객을 시작하자마자 무려 40명이 모였습니다. 당시에는 주말 모임도 무료였기에, 유료 프로그램에 이렇게나 많은 사람이 유입된다는 사실이 신기했죠. 그런데 단톡방의 목표 인증이 점차 줄어들기 시작하더니, 부둥부둥 응원을 해도 점차 인증 수가 줄어들면서 결국 대다수가 챌린지에 실패했어요. 다음 기수를 모집했지만 1기에 비해 절반밖에 모이지 않더라고요. 수요가 절반으로 줄었다는 건 뭔가 문제가 있다는 생각이 들어서 운영진 둘이 골똘히 생각하고, 모임에 참여했던 사람에게도 물어봤어요. 그 결과 두 가지 원인을 꼽을 수 있겠더라고요.

우선 서로 모르는 사람끼리의 인증은 응원보다 '노이즈' 일 수 있음을 깨달았어요. 인증이란 누군가에게 내가 한 것을 보여주고 응원이나 부러움 같은 심리적 보상을 얻는 행위인데, 모르는 사람들이 모인 방에서는 그런 네트워킹이 작동하지 못했어요. 같은 모임에 신청했다고 해서 모르는 사람의 목표가 궁금해지지는 않더라고요. 그러니 모임에 참여하고 있긴 하지만, 굳이 인증은 안 하게 되고요.

또한 이 모임의 본래 취지는 건강한 경쟁심을 통해 목표를 이루겠다는 의지를 불태우는 것이었는데, 인증이 줄어드니 같이 포기해버리기 일쑤였어요. 아쉬웠죠. 그래서 2기에서는 첫 모임 OT를 비롯해 중간에 회고할 수 있는 장치까지 마련했지만 큰 효과는 없었던 것 같아요. 인원이 20명을 넘어가니 온라인 네트워킹에 어느 정도 한계를 맛보았달까요. 비록 모임은 사라졌지만 사람들이 온라인 모임에서 무엇을 원하는지 알게 된 귀한 경험이었어요.

네트워킹 파티

커뮤니티의 꽃은 결국 네트워킹이 아닐까요? 모임이 끝난 후 참가자들에게 후기를 물어보면 '좋은 분들을 만나서 좋았다'는 말이 빠지지 않고 나오거든요. 구제적인 주제에 관심을 가진 사람들이 모이기 때문에 대화가 자연스럽게 이어지고, 그 과정에서 의미 있는 네트워킹이 이루어진다고 생각해요(여담으로 준원은 모임에서 대화를 나누다가 '이 사람과 친해지고 싶다'는 생각이 들면 그 모임이 매우 성공적이었다고 판단해요).

주말 정규 모임에서도 마무리할 때쯤 명함을 교환하거나 자연스럽게 네트워킹하는 시간을 가지는데요. 연말에는 한 해 동안 새롭게 합류한 멤버들과 오랫동안 함께 해온 멤버들을 한자리에 모아 파티를 열어요. 이 모임의 목적은 오직 네트워킹 하나입니다. 멤버들이 한 해 동안 LBCC에서 어떤 경험을 했고 어떤 관계를 맺었는지 돌아보는 자리이기도 하고요.

그런데 막상 네트워킹 파티를 열어보니 단순한 네트워킹 이상의 의미가 있다는 걸 알게 됐어요. LBCC는 오프라인 공간을 기반으로 한 커뮤니티가 아니에요. 공식 인스타그램 콘텐츠와 주말마다 열리는 모임이 LBCC의 거의 유일한 접점이죠. 그래서 가끔은 멤버들에게 이 커뮤니티가 '실제로 존재하는 곳'이라는 느낌을 더 강하게 주고 싶었고, 그 역할을 하는 게 바로 네트워킹 파티에요.

앞서 말한 것처럼 LBCC 멤버는 두 가지 방식으로 합류해요. 세 번 이상 참여해 정식 멤버가 된 분들과 호스트로 기여하면서 합류한 분들이죠. 그런데 후자는 LBCC에 참여하는 빈도가 상대적으로 낮아요. 운영진이 초대하지 않으면 다른 호스트의 모임에 참석하는 것이 조심스럽게 느껴진다고들 하더라고요. 왜 그런지는 모르겠지만, 커뮤니티에 합류한 방식에 따라 활동 빈도에 차이가 나는 게 사실이에요. 그래서 멤버들이 자연스럽게 교류하고 친분을 쌓을 수 있도록 네트워킹 파티를 기획하게 되었어요.

첫 번째 연말 모임에서는 20명의 멤버를 모집하고 LBCC 초기부터 활발하게 활동 중인 멤버 희진의 남편이 운영하는 다이닝 레스토랑을 대관해 진행했어요. 만나고 싶었던 호스트들을 한자리에 초대해 다 같이 먹고 마시며 이야기를 나누었죠. 별다른 프로그램 없이도 자연스럽게 대화가 이어졌어요. 자기소개를 하고 일 이야기와 요즘 관심사를 나누기도 했고, 언제 LBCC에 처음 방문했는지, 언제 호스트가 되었는지 같은 이야기도 나왔어요.

다만 서로 처음 보는 사람들이 많다보니 개인적인 대화가 많았고, LBCC에 대한 이야기 비중은 생각보다 적었어요. LBCC 멤버로 이 자리에 모였지만 마치 새 친구를 사귀러 온 중학생들처럼 시끌벅적한 분위기였달까요. 모두가 즐겁고 반가운 자리였지만 다음번에는 어떻게 LBCC의 정체성을 자연스럽게 드러낼 수 있을지에 대한 고민을 남긴 채 첫 파티가 마무리되었어요.

그리고 2024년 12월, 두 번째 연말 송년 네트워킹 파티를 성황리에 마쳤어요. 규모가 전년보다 두 배 커져서 20명이던 참석자가 40명으로 늘었어요. 이번에는 첫 번째 파티에서 아쉬웠던 점을 보완하기 위해 LBCC와의 연관성을 강조하는 요소를 넣었죠. 마피아 게임을 응용해 참가자들이 LBCC에서 있었던 일을 이야기하도록 유도했는데, 이 방식이 의도한 대로 작동하여 네트워킹이 훨씬 자연스럽고 재미있어졌어요(어떤 방식이었는지 궁금하다면 멤버가 되어 연말 파티에서 직접 경험해보시길!). 마피아 게임이 끝난 후에는 LBCC의 2025년 계획을 발표하고, 커뮤니티에 참여하고 기여해준 멤버들에게 감사 인사를 전했어요.

파티 후 참가자들의 반응도 아주 긍정적이었어요. 이날 처음 만나 절친이 된 멤버도 있었고, LBCC에 합류한 지 얼마 안 된 한 분은 "인스타에서만 보던 커뮤니티가 실제로 존재한다는 느낌이 들었다"며 좋은 사람들과 함께하는 기회를 만들어줘서 감사하다는 피드백을 남겼어요.

피드백을 들으며 우리가 의도한 LBCC의 실재감이 제

대로 전달되었다는 확신이 들었어요. 앞으로 네트워킹 파티가 LBCC의 중요한 이벤트로 자리잡도록 더 다듬어나가려고 해요.

1:多로 진행하는 GV

사람들이 의견을 골고루 나눌 때 더 재미있고 의미 있는 모임도 있지만, 어떤 모임은 특정인에게 초점이 맞춰질 때 더 효과적이기도 해요. 대개 전문가나 유명인이 모임을 이끌 때 그렇죠. 이런 경우에는 호스트의 생각이 중요하며, 반드시 다른 사람들의 의견이 많이 나와야 할 필요는 없어요.

LBCC에서도 전문가나 인플루언서가 호스트로 자리한 적이 있는데요, 그때마다 15명이라는 인원 규모가 다소 아쉽게 느껴졌어요. 그래서 영화 상영 후 감독이나 영화 관계자가 방문해 영화에 대해 직접 설명하고 관객들과 질의응답을 나누는 GV*Guest Visit* 방식을 LBCC 모임에도 도입하기 시작했어요.

2024년 마지막 모임에 임승원(유튜버 원의독백) 님과 양중은(뮤지션, 마케터) 님이 호스트로 참여했어요. 이때는 수용 가능한 최대 인원을 모집했는데, 인원이 많아서 대담이 원활하게 진행될지 걱정도 됐습니다. 하지만 미리 질문을 받아 공유하고 준비한 덕분에 예상보다 훨씬 매끄럽게 진행되었어요.

특히 한 멤버가 이 GV를 '서준원의 스케치북' 같다고 표현했을 정도로 캐주얼하면서도 진정성 있는 분위기가 만들어졌어요. 그래서 앞으로도 주말 정규 모임 중 일부는 GV 형태로 기획하려고 해요. 규모를 더 키워 미니 컨퍼런스로 발전시킬 수도 있을 것 같아요.

하지만 규모가 커지면서 준비해야 할 일들도 많아졌어요. 호스트와의 사전 커뮤니케이션부터 진행 방식 조율, 참가자 응대까지 더 세심하게 신경 써야 해요. 특히 준원은 사회자 역할에 집중해야 하기에 모임 운영을 지원해줄 인원이 최소 두 명은 필요하겠더라고요. 앞으로 GV 모임이 LBCC의 중요한 프로그램 중 하나로 자리잡도록 운영 방식을 더욱 체계적으로 정리해볼 예정입니다. 기대해주세요!

일요일 아침, 좋은 기분 전하기
좋은 기분을 제공하는 것이 모임의 핵심 콘텐츠죠!

운명론을 믿는 편입니다. '옷깃만 스쳐도 인연'이라는 말을 매우 낭만적이라고 여기는 사람으로서 사소한 만남에도 다 이유가 있다고 생각해요. 그렇기에 모임에 오는 한 분 한 분을 정성껏 대하려고 노력합니다. 사람과 사람 사이의 일에서는 어떤 상황에서든 '교감'이 가장 본질적인 요소입니다. 콘셉트가 멋지고, 스케일이 크고, 음식이 맛있는 식당이어도 단 한 번의 응대가 불친절하면 좋지 못한 방문 경험을 가지고 돌아가게 됩니다. 모임도 마찬가지예요. 모임에서는 사람 사이의 교감이 더 크게 작용하죠. 메인 콘텐츠가 '모임'인 만큼, 대화 경험이 불만족스러우면 그동안 공들여 쌓아둔 브랜드 이미지가 무너질 수 있고, 결국 다시 찾고 싶지 않은 곳으로 기억될 수 있기 때문입니다.

LBCC는 일요일 오전에 모여주신 분들이 주말 오후 시간을 보내는 데 한 점 거슬림도 없도록 해야 한다고 생각하며 모임을 만들고 있어요. 힘든 한 주를 마치고 세상 편히 누워 있기도 바쁜데 생산적인 시간을 갖기 위해 방문한 것이니까요. 방문한 분들에게 어디서 오셨는지 꼭 물어보는데 인천, 평촌, 파주, 심지어 부산에서 기차를 타고 귀한 발걸음을 해준 분들도 계세요. 그렇기에 처음 오는 분들을 세심하게 배려하기 위한 노력을 많이 기울입니다.

'빠르게'가 아니라 '바르게'에서 전해지는 진정성

모임을 운영하기로 마음먹으며 세운 원칙이 몇 가지 있어요. 브랜드가 성장세를 타면 의욕이 앞서 중요한 것을 놓칠까 봐 초반부터 원칙을 다졌습니다. 모임에서 관계를 맺는 소중한 순간이 누군가의 서투른 말이나 행동 때문에 나쁜 기억으로 남지 않도록 늘 주의를 기울입니다. 운영진이 참여자 모두를 통제할 방법은 없지만, 적어도 운영진 때문에 불편해지는 일은 없어야 하니까요.

1. 신규 참여자와 기존 멤버 모두를 고려한 선발

참여자를 선발할 때도 조합을 많이 고려합니다. 빨리 성장하려면 신규 멤버 비중을 높여 새로운 사람들이 LBCC를 많이 경험하게 해야겠죠. 하지만 신규 참여자와 기존 멤버의 비율은 늘 5:5 또는 6:4 정도로 유지해요.

멤버분들을 자주 보면 반가운 마음이 큽니다. 하지만 선발에서 멤버의 비율을 너무 높게 두지 않는 이유는 참여자 다수가 서로 구면이면 신규 참여자가 부담스러워하거나 대화에 소극적인 경우가 있기 때문입니다. 신규 참여자분들이 오시면 부러 다가가 한마디라도 더 이야기 나누려 하고요. 그렇지만 기존 멤버들에게도 소홀해선 안 되기에, 멤버십 개념으로 좀 더 낮은 경쟁률에서 선발하는 장치를 둡니다.

2. 신규 참여자의 이름 외우고 불러드리기

의도하고 만든 원칙은 아니었어요. LBCC 초창기에 운영진을 모르는 분들이 신청해주시는 것이 신기해서, 참여자분들을 기억해뒀다가 모임 당일 한 분 한 분 이름을 불러드렸어요. 이후 설문에서 '세심함에 감동을 받았다'라는 피드백을 받은 적이 있어요. 작은 환대가 큰 연결로 돌아올 수 있다는 것을 깨달은 후로, 모두의 이름을 열심히 기억하고 있습니다. 가끔 기억력의 한계를 느끼기도 하지만 이름을 불러드렸을 때 기뻐하실 모습을 상상하며 노력하고 있어요.

3. 호스트도 참여자도 모두 주인공인 모임!

모임에서 보통 호스트는 이야기하는 사람, 참여자는 듣는 사람으로 포지셔닝 되는 경우가 많죠. 하지만 대화 모임은 그렇지 않아요. 좋은 질문이 좋은 답변을 만들고, 꼬리 질문과 꼬리 답변들이 대화를 풍성하게 만들어요. 그것들이 모여서 2시간짜리 좋은 콘텐츠가 됩니다. 그렇게 만들어진 양질의 콘텐츠는 그날 하루 모든 참여자에게 훌륭한 인사이트이자 좋은 기분을 선사할 거고요. 그렇기 때문에 운영진은 선발 과정에서부터 고민을 거듭합니다. 일단 신청을 받을 때 자기소개와 신청 이유를 묻습니다. 형식적인 절차가 아니라 예정된 모임의 이야기가 참여자에게 도움이 될지, 참여자 또한 모임에서 유의미한 이야기를 나눠줄 수 있을지에 대해 검증하는 과정입니다. 참여자 역시 좋은 콘텐츠를 가지고 있어야만 대화가 더욱 풍성해질 테니까요.

이러한 원칙을 가지고 운영하는 LBCC의 노력과 마음을 알아준 것 같아 무척이나 기뻤던 피드백이 있어요.
"LBCC는 사람을 돈벌이 수단으로 보지 않는 것 같아요."
모임을 운영한 지 2년이 지난 지금도 해이해질 때면 늘 이 피드백을 곱씹으며 원칙을 다집니다.

지친 LBCC에 위안을 준 한마디

하지만 원칙이 너무 거창했던 걸까요? 마음과는 달리 모임을 열고 2년쯤 지나니 일요일 아침마다 좋은 기분을 전달해야 한다는 것이 스스로에게 강박이 되어 무기력과 권태감이 찾아왔어요. 제 감정도 컨트롤 못 하는 게 사람인데 누군가에게 일관적으로 좋은 기분을 전할 수 있나, 하는 회의적인 생각도 들었습니다. 이 또한 사람을 대하는 일이라 오랜 시간 모임을 운영하다보면 분명 지치는 시기가 올 거예요. 그런 때에 도움이 되면 좋겠다는 마음으로 하나의 이야기를 공유해보려고 합니다.

한창 슬럼프에 허우적대던 시기, 마포구 염리동의 아이스크림 가게 '녹기 전에' 사장님(이하 녹싸 님)의 책《좋은 기분》북 토크를 진행하는 날이었습니다. 불현듯 그에게 궁금증이 생겼습니다. 우리는 주말에만 사람들과 만나 이야기를 나누지만, 매일매일 접객을 하는 녹싸 님은 더 힘들지 않을까? 이런 고민이 없을까? 특히나 그는 방문객에게 매일 '좋은 기분'을 선사하기 위해 노력하는 사람이니까 이런 고민을 이미 겪어봤을 것 같았어요. 해결의 실마리를 얻으려는 생각으로 질문했죠. '매일매일 좋은 기분을 선사한다는 건 사람들에게 좋은 에너지를 전달하는 일인데, 그건 본인이 좋은 에너지를 가꾸고 있을 때 가능하다고 생각한다. 어떻게 에너지를 관리하시냐?'라는 질문이었습니다.

최상의 컨디션을 유지하기 위한 노력이나 좋은 에너지를 만드는 방법 같은 답변을 예상했지만 반대의 답변이 돌아왔어요.

'하루에 끌어 쓸 수 있는 에너지는 정해져 있고 매일의 양이 다르다'는 것이었어요. 그 에너지를 스스로 가늠하여 하루 동안 적절히 분배해 사용하는 것이 그의 노하우였어요. 아침에 일어나 하루 에너지를 체크하고, 충분하지 않다면 에너지 10을 써서 인사할 것을 3 정도만 써서 반갑게 인사하면 그만이라고요. 가끔 너무 힘든 날은 가게에서 손님을 접대하는 일을 '여기는 무대고, 나는 연극배우'라고 생각하는 것도 좋은 방법이라는 조언이 굉장히 신선했어요. 에너지가 없으면 그냥 에너지를 좀 덜 실어 응대해도 괜찮다는 말이 위안처럼 다가왔던 것 같아요.

결국 결론은 '오래 지속하려면 너무 애쓰지 말자'였습니다. 프로젝트든, 일이든, 사업이든 운영하다보면 크고 작게 슬럼프나 권태감을 느끼는 순간이 옵니다. 정말 좋아하던 일인데, 처음에는 너무 신났는데도, 도파민이 터지는 시기가 지나고 나면 이 또한 삶의 일부처럼 돌아가죠. 그러다보면 자연스럽게 권태를 느끼게 되기도 하고요. 새로운 것을 만드는 것보다 지속하는 것이 더 어렵기 때문에, 모임을 지속하며 지치는 시기가 오면 이 이야기를 꼭 곱씹어보세요!

LBCC 멤버들에게 소속감을 부여하는 방법

유튜버들이 팬네임을 만드는 이유

　모임을 운영하기로 마음먹었다는 것은 커뮤니티를 만들기 위한 콘텐츠로 '모임'을 활용하겠다는 의미일 거예요. 커뮤니티를 만드는 이유는 다양하겠죠. 나와 같은 취향을 가진 사람들을 모아 함께 취향을 공유하고 싶을 수도 있고, 유사 산업군에 종사하는 사람들을 모아서 업계 정보를 나누며 네트워크를 만들려는 목적일 수도 있어요. 직접 브랜드를 만들었거나 회사에 브랜드 담당으로 소속되어 있다면 팬덤을 형성하려는 목적으로 모임이나 커뮤니티를 활용할 수 있겠죠.

그러려면 참여자들이 커뮤니티에 소속감을 느끼게 할 방법을 고민해야 한다고 생각합니다. LBCC도 여전히 고민 중이고요. 체계적으로 잘 수행했거나 여전히 잘하고 있다고 자신하지는 않지만 '이런 것들이 소속감을 부여하지 않았을까?' 싶은 지난 시간들을 되짚어보았어요.

멤버를 하나로 묶는 장치 제공

유튜브 '빠더너스' 채널을 즐겨 보는데요. 그중에서도 '오지 않는 당신을 기다리며'라는 콘텐츠를 좋아합니다. 오지 않는 배달 음식을 기다리며 인터뷰를 진행하는 콘텐츠입니다. 인터뷰어이자 채널 주인장인 문상훈 님은 영상 말미에 늘 인터뷰이에게 부탁해요. "빠둥이(팬네임)들에게도 한말씀 해주세요"라고요. 구독자를 지칭하는 '팬네임'이 우리에게는 어색하지 않습니다. 팬덤이 강한 아이돌에게도 팬을 부르는 명칭이 있고요(뉴진스에게 '버니즈'가 있는 것처럼요!).

팬들을 하나로 묶는 장치를 곳곳에 만들어두면 참여자들이 소속감을 느끼는 포인트가 됩니다. 모임에 3회 참여해 멤버가 된다고 해서 당장 드라마틱하게 소속감이 생긴다고 하기는 어렵지만, 멤버임을 실감하게 되는 순간이 분명 있는 것 같아요. 멤버가 된 후 참석하는 첫 모임에서 멤버용 이름표를 드리는데, 별것 아닐 수 있지만 노트에 붙여 인증 숏을 찍는 분도 왕왕 있습니다.

이 외에도 멤버에 대한 마음을 담아 전달하려고 노력합니다. 연말에는 꼭 멤버들끼리 모이는 파티를 기획하고, 참여하는 분들께는 직접 쓴 손 편지를 드리기도 해요. 감사의 마음을 담은 메시지를 받고 감동의 눈물, 까지는 아니지만 감동의 인증을 많이 올려주시더라고요. LBCC 멤버임을 뿌듯하게 여기시는 것 같아 인증을 볼 때마다 마음이 따뜻해집니다(그러니까 인증 많이 해주세요. 헤헤).

누구나 멤버가 될 수 있지만, 아무나 될 수 없는 희소성

커뮤니티에 아무나 소속될 수 없을 때 소속감이 극대화된다고 생각해요. 그래야 누군가에게는 '소속되고 싶은 커뮤니티'로 인식되고, 이미 멤버가 된 사람들에게는 자부심을 줄 테니까요. 주의할 점은 이 허들이 너무 높은 벽이 되어서는 안 돼요. 커뮤니티가 그들만의 리그가 되어버리면 서서히 고립될 가능성도 배제할 수 없습니다.

LBCC 멤버가 되려면 앞에서 소개한 바와 같이 모임에 3회 참여해야 합니다. 멤버가 되어 오픈채팅방에 초대되는 순간을 간절하게 기다리시는 분도 계시고, 멤버가 되기 위해 세 번을 연달아 신청하는 경우도 있어요. 가끔은 커뮤니티에 소속되는 것 자체가 목적이 되어 모임이 수단으로 전락하는 경우도 있는데, 그런 분들은 아무래도 모임 자체에는 잘 집중하지 못하시더라고요. 세 번이라는 허들은 참여자가 LBCC 멤버가 되기에 적합한 분인가를 확인하는 절차가 되기도 해서 여러모로 좋은 장치로 작용하고 있습니다.

유대감이 쌓이는 소통 창구 마련

LBCC는 멤버 간 소통 플랫폼으로 카카오톡 오픈채팅방을 활용합니다. 매일 활발하게 소통하지는 않지만 한 번 이야기꽃이 피면 시끌벅적해지곤 해요(원고를 쓰는 지금 이 순간에도 와글와글 알람이 울리네요). 사실 고백하자면 이 부분에 대해서는 LBCC도 체계적으로 운영하고 있지 못합니다. 콘셉트 탓이려나요(불러하면 나오는 '게으름' 콘셉트). 운영진이 번개 모임을 띄우거나 이벤트를 만들지 않는 이상 멤버들이 자발적으로 모임을 결성하는 일은 거의 없지만, 직장이 가까운 분들끼리 점심팟을 열거나 서로의 필요에 의해 커피챗을 가지는 등 아주 자유롭게 소통이 일어나고 있어요.

체계적이지 않은 부분도 있긴 하지만 자랑을 좀 해보자면, LBCC 커뮤니티에는 기버_giver_가 많습니다. 좋은 자료가 생기면 분야를 막론하고 함께 나눕니다. 때때로 의견 공유의 장이 열리기도 하고요. 협업, 섭외, 구인이 필요한 상황 등 자원이 필요할 때 LBCC 커뮤니티를 가장 먼저 떠올려주시는 것 같아요. 모두가 자신의 일처럼 물심양면 알아봐주는 분위기 덕분에 가능한 일입니다. 실제로 LBCC에서 만나 브랜드 콜라보를 진행한 일도 있었고, 협업이 이루어진 사례도 있었습니다.

LBCC 운영 3년 차인 지금은 오픈채팅방 멤버가 150명 정도 됩니다. 이 중에는 서로 일면식도 없는 멤버들이 꽤 있기 때문에, 온라인에서만 알던 분들이 실제로 만나는 자리를 만들어야겠다고 생각했습니다. 그래야 좀 더 편안하게 'give & take'가 일어날 거라고 판단했어요. 유대감은 아무래도 오프라인에서 직접 대면해야 극대화되기 마련이죠. 그래서 연말을 핑계로 다수의 멤버를 초대하여 네트워킹 파티를 진행합니다. 행사 준비와 진행이 쉽지 않지만 LBCC에 속해 있다는 이유 하나만으로도 급속도로 친근감을 갖는 멤버들을 보면 즐거워집니다. 2025년에는 100명 규모의 모임을 기획해보려 하는데 과연 가능할지! 지켜봐주세요. 호호.

커뮤니티 내 기여감을 느낄 수 있는 기회 제공

어떻게 보면 LBCC에서 가장 중요한 요소이기도 합니다. LBCC는 분야를 막론하고 '주니어' 중심으로 모이는 커뮤니티이기 때문에 각자 본업에 대한 인사이트를 나눌 정도의 노하우가 있는 멤버들이 많이 유입됩니다. 회사 일 말고도 외부에서 본인이 가진 달란트를 펼칠 기량이 충분하기에 그런 기회를 원하는 멤버도 많은 편이죠.

실제로 LBCC의 인스타그램은 출판사나 여타 모임 플랫폼에서 저자 및 호스트를 발굴하는 발굴처 역할을 합니다.

LBCC의 역대 호스트 중 출판사와 계약하고 책을 집필한 분이 벌써 3분이나 되고요. LBCC 모임을 시작으로 트레바리나 넷플연가에서 호스트로 꾸준히 활동하는 등 역량이 출중한 분이 많아요. 이렇게 검증된 멤버분들께 좋은 무대가 되어준다면 LBCC와 멤버 개인 모두 윈윈이라는 생각으로 'LBCC 셀렉트'를 론칭하여 운영하고 있습니다. 셀렉트는 운영진 없이 호스트 단독으로 4회의 모임을 이끌어 갑니다. 2024년 하반기에 처음 오픈해서 5개의 셀렉트 모임을 성공적으로 마쳤어요.

모임이 마무리된 후 조촐한 식사 자리를 마련하여 호스트들과 피드백을 주고받았는데 한 분이 굉장히 유의미한 피드백을 주셨어요. "소연과 준원 없이 LBCC 셀렉트 모임을 운영하고 있으니 내가 마치 LBCC의 얼굴이 된 기분이라 사명감 같은 게 생겼다"고 하시더라고요. '사명감'이라는 단어가 운영진의 마음을 울렸어요. 다른 모임과 차이점이 있다면 이런 순간이 아닐까 싶어서요. 운영진의 진정성이 담긴 의도가 호스트분들께도 고스란히 전달된 것 같아서 아주 뿌듯한 순간으로 기억합니다.

100번의 모임, 2,000명의
사람을 만나며 느낀 점

좋은 대화는 좋은 삶을 만든다는 확신을 얻은 시간

 앞서 말한 것처럼 LBCC는 소연의 고민으로부터 시작됐어요. 고민 많다는 3, 6, 9년 차 직장인이 아니더라도 살다보면 삶의 주기마다 고민이 생기기 마련이니까요. 어디로 어떻게 나아가야 할지 목적과 방향이 희미해지는 인생의 기로에서, 이 길을 먼저 걸어간 선배에게 직접 조언을 구하거나 자신이 몸담고 있는 분야의 구루를 찾아 강연을 듣기도 하죠.

 그런 생각으로 다양한 모임에 참여해봤지만 어떤 모임은 매우 일방향적으로 진행되고, 어떤 모임은 공부를 너무 많이 해야 했고요. 어떤 모임은 날을 세우며 토론해야 해서 말하기 어려운 분위기가 형성됐어요.

그 당시 딱 맞는 모임을 찾지 못했기에 직접 사람을 모아보자는 결론에 닿았어요. 모임을 만들 거면 체에 걸러진 내용을 바탕으로 진행되는 일방향적인 강연 무대가 아니라, 그 자리에 온 사람만 얻어 갈 수 있는 질 높은 대화의 장이 됐으면 하는 바람이 있었고요. '좋은 답변은 좋은 질문에서 나온다'는 말을 믿기에 좋은 질문들이 많이 나오길 바랐어요.

그러기 위해서는 편안한 분위기가 가장 중요하다고 생각했습니다. 낯을 가리고, 끼어들 타이밍을 자주 놓치고, 멋지게 말하지 못하고 가끔은 말하다 길을 잃는 사람도 편하게 이야기할 수 있는 자리를 만들고 싶었어요. 그렇게 100회에 걸쳐 2,000여 명의 중니어와 나눈 대화에서 발견한 것을 몇 가지 공유하고 싶어요.

대화 모임에는 의외로 E보다 I가 더 많다
(첫 대화는 너.무. 어.려.워.)

 보통 낯선 이와 만나는 모임은 외향적인 분들이 주로 참여할 거라 예상하지만, 의외로 I 성향인 분들도 적극적으로 활동합니다. 물론 통계를 내본 건 아니고 모두의 MBTI를 설문한 것도 아니기에 신뢰도 높은 데이터라고 할 순 없어요. 그러나 2년 넘게 모임을 운영해온 인간지능(?) 데이터를 기반으로 보건대 적극적인 멤버와 소극적인 멤버의 비율이 4:6 정도 됩니다. 말하면서 두드러지게 긴장하는 분도 어렵지 않게 보이고요. 최대한 편안하고 자유롭게 이야기하는 분위기를 조성하려고 노력하지만 처음엔 말하는 걸 꽤나 어려워하시더라고요.

 보통의 모임은 강의처럼 호스트의 이야기를 듣는 형태로 운영되기 때문에 처음에는 LBCC 모임이 낯설 수도 있어요. '바보같이 말하면 어쩌지? 완벽한 문장을 구사해야겠어!'라는 강박 때문에 말이 더 안 나오기도 하고요. 하지만 LBCC는 그날의 대화가 곧 콘텐츠가 되는 구조이기 때문에, 모두가 적절한 지분으로 대화에 참여하도록 노력을 기울입니다.

LBCC 모임에는 여러 번 참여해주시는 분들이 많은데요. 모임 분위기에 익숙해지고 나면 말이 청산유수가 되고 점점 대화의 지분이 높아지는 분도 여럿 계십니다. 경험상 말은 많이 해야 늘더라고요. 상대의 말을 들어야 질문하고 대화를 나눌 수 있기 때문에 경청하는 능력이 발달되는 효과도 있고요. 그러니 맛있게 즐겁게 대화하는 연습을 하고 싶다면? LBCC로 오세요(홍보 맞아요☺).

유익한 대화 이상으로 아쉬운 대화가 재방문을 이끈다

　유익한 대화는 주로 지식과 정보 교류에 중점을 두지만 '좋은 아쉬움'을 남기는 대화는 사람과의 관계에서 비롯된다고 생각해요. 모임이 거듭될수록 절실히 깨닫는 '모임의 본질'은 정보보다는 대화 참여자들의 인간적 교감이 중요하다는 사실입니다. 참여 후 '시간이 너무 빠르게 지나갔다'며 아쉬워할 경우, 높은 확률로 다음 모임에도 재방문하여 멤버가 되고 주변에 추천하여 지인까지 합류하는 일이 많았어요.

　유용한 정보가 오가고, 낯선 이와 만날 수 있는 모임은 많습니다. 그래서 이제는 단순히 '참여자들의 만족'을 목표로 해서는 안 된다고 생각하고 있어요. 만족을 넘어 이 시간이 끝나는 게 아쉬울 정도로 의미 있는 희열을 제공해야 해요. 그래야 재방문도, 추천을 통한 유입도 기대할 수 있습니다. 모임을 통해 희열에 닿게 하는 방법에는 무엇이 있을까요? 모임의 특성에 따라 내놓는 답이 다르겠지만 우리는 '사람은 정보보다 관계와 감정 때문에 커뮤니티에 머무른다'고 믿어요.

  사람들이 돈과 시간을 들여 채우려고 하는 것은 '돈과 시간으로 살 수 없는' 무정형의 무엇이라고 생각해요. 쉽게 얻을 수 있다면 돈도 시간도 내려 하지 않겠죠. 지금 내게 없는 것을 얻기 위한 시도 또는 내가 해소하고 싶은 감정적 공허감 등에 대한 답을 타인과의 만남에서 구하는 것 같거든요. 결국 어떻게 '진정성 있는 교감'에 도달하느냐에 따라 커뮤니티 빌딩의 성공 여부가 결정된다는 생각이 들었어요. 한 사람과의 진정성 있는 관계 형성이 책 몇 권보다 더 가치 있을지도 모르니까요. 그렇다고 해서 정보를 주지 말라는 것은 아니죠. 사람들이 모인 목적이 정보 제공인 건 확실해요.

가족이나 친구에게 털어놓기엔 너무 좁고 무거운 주제의 이야기가 있죠. 그런 니치한 영역에 대해 편히 대화할 수 있기 때문에 많은 분이 LBCC에 찾아온다고 생각해요. 그런 사람들끼리 모이다보니 좀 더 쉽게 유대감이 생깁니다. 개인적인 이야기를 나누고 경험을 공유하며 더욱 깊이 연결되는 거죠. 때로는 한 번 보고 말 사이라서 할 수 있는 이야기가 있잖아요? 그런 대화를 나눈 경험은 사람들에게 아쉬움을 느끼게 하는 듯해요. 그래서 다시 LBCC를 찾아올 동기를 부여하죠. 우리는 모두 외로워요. 지식이든 감정이든 채워야 할 것이 많은 존재죠. LBCC는 그 공허감을 채워줄 가장 좋은 툴인 셈이고요.

2,000명을 만났고 2,000개의 정답이 있었다

LBCC를 시작할 당시, 다양한 사람을 만나서 이야기를 나누면 개인적인 고민도 안개 걷히듯 해결되지 않을까 하는 기대감이 있었어요. 그러나 현실은… 고민 있는 사람 2,000명을 마주했어요. 전혀 다른 일을 하고 전혀 다른 경험을 해온 사람들에게도 저마다의 고충과 고민이 있다는 평범한 진실을 깨달았죠. 다들 묵묵히 견디며 어려움을 헤쳐나가는 걸 보는 것 자체가 위안이 됐어요. 대화 모임의 좋은 점은 다른 참여자를 거울 삼아 결국 나를 돌아볼 수 있다는 거예요. 나의 정답은 나 스스로 찾아가는 것이고 이를 위해 몸소 경험하며 살아야 한다는 깨달음도 얻었고요.

LBCC는 참여자에게 두 번 참여 이유를 물어요. 신청할 때, 그리고 모임 당일 첫 인사를 나누면서요. 각자 크고 작은 고민을 안고 LBCC를 찾아오시더라고요. 실무적인 고민이 많은 분들도 있고 운영진과 비슷하게 앞으로의 커리어, 나아가 삶의 방향성을 고민하는 분들도 있죠.

스스로가 생각이 확고하다고 생각하지 않았는데, 대화를 하면서 하고 싶은 것이 더 선명해지는 걸 느꼈어요. 생각지 못했던 관점으로 고민을 재정리해보고, 머릿속에서 막연하게 부유하던 생각의 조각들을 하나의 의미로 묶어보기도 하면서요. 사실 인간은 모두 내면에 각자의 정답을 가지고 있다고 믿어요. 그걸 찾아내기 위해 최대한 많이 대화에 참여해보세요. 나의 고민을 던지고, 그 고민에 대한 답변을 들을 때 비로소 내 고민이 좀 더 선명해지는 느낌이 들거든요.

모임을 운영하면서 놀랐던 건 참여자 대부분이 정말 열심히 기록한다는 거예요. 노트북, 태블릿, 수첩 등 다양한 기록 아이템을 장착하고 LBCC를 방문하시죠. 운영진 또한 토씨 하나 빠짐없이 기억하고 싶어서 기록에 집착한 때가 있었던 만큼 그 마음에 너무나 공감합니다. 하지만, 그런 경험 있지 않으신가요? 적는 데 집중하느라 정작 대화 내용은 새겨듣지 못한 경험이요. 기록하지 않고 귀기울여 들을 때 마음에 좀 더 콕 박히는 이야기를 발견할지도 몰라요. 두 운영진처럼 대화에서 위안을 얻고 고민을 해소하는 경험을 하시길 바라는 마음으로 모임 중에는 노트북을 닫도록 안내하고 있어요. 대화를 나누며 나의 현 상황, 현 문제에 오롯이 집중하기를 바라요. 심지어 준원은 모임 시작에 앞서 적극적으로 기록할 태세를 갖춘 참여자분들에게 뼈 때리는 조언을 하곤 합니다.

"어차피 그렇게 적으셔도 집에 가서 안 보실 거잖아요."

맞아요. 우리 다 알고 있잖아요. 집에 가져가도 읽지 않을 거라는 사실. 어쩌면 적는 행위 자체가 우리가 이 시간을 열심히 살아내고 있다고 생각하게 하는지도 모르겠습니다. LBCC에서는 적는 대신 한 마디라도 본인의 의견을 던지고, 티키타카하는 과정에서 선명한 답을 얻어 가시길 바라며 대화에 더 집중해서 참여하시라고 안내드립니다.

Interview: 모닝 글쓰기 클럽 모임장 한희진 님

1. 평소 모임에서는 주최자가 되는 편인가요, 아니면 참여자가 되는 편인가요?

목표에 따라 다른 것 같아요. 배우고 싶은 것이 있다면 참여자로, 루틴을 만들고 싶다면 주최자가 되어 사람들을 모아요.

2. 모닝 글쓰기 루틴을 만드는 모임을 시작하게 된 계기는 무엇인가요?

원래는 LBCC에 밤에 모이는 'Check 쓰기 클럽'이 있었어요. 그런데 저는 저녁 10시면 눈이 감기는 아침형 인간이거든요. 준원에게 "아침 모임은 없어?"라고 물어보았다가 돌아온 "네가 하면 되겠네!"라는 답변이 시작이 되었습니다(☺).

3. 모닝 글쓰기 클럽은 비대면 모임인데, 대면 모임과 어떤 점에서 가장 다르다고 느끼시나요?

화면으로만 만나는 사이이기 때문에 아무래도 관계가

Interviewee
- 10년 차 마케터
- 육아, 그리고 일과 성장에 관심 많은 워킹맘
- LBCC 모닝 글쓰기 클럽 모임장

더 담백하달까요. 글쓰기를 시작하기 전 3분간의 짧은 대화, 글쓰기를 마치고 나누는 응원의 한마디, 그리고 필요할 때만 톡방을 통해 나누는 이야기와 정보들…. 하지만 매일 보는 얼굴들인 만큼 정도 많이 들고 의기투합하게 됩니다.

4. 루틴 중심의 꾸준한 모임이 일상에 어떤 변화를 가져다주었나요?

무조건 지키게 된다는 것! 저는 주최자이기 때문에 물러설 곳이 없어요(☺). 반면 참여자분들은 디파짓이 걸려 있기도 하고, 함께하는 멤버들에게 부끄럽지 않기 위해 사력을 다해 참여하시는 것 같아요. 저와의 아침 인사가 즐거울지도…, 는 아니고 주 1회 회고 시간을 갖기 때문에 서로 힘을 북돋아주고 습관을 형성할 수 있게 되는 것 같습니다.

5. 비대면으로 1년 동안 모임을 운영하면서 어려웠던 점이나 지친 순간은 없었나요?

열두 달을 운영했는데 현재 아기가 10개월이니, 모임을 운영하며 임신과 출산을 겪었네요. 사실 임신과 출산이라는 물리적인 변화는 어렵지 않았습니다. 하지만 컨트롤할 수 없는 것이 하나 있죠. 바로… 아기의 기상 시간입니다! 그래서 7시에 시작하던 모임 시각을 6시로 옮겼는데요, 덕분에 더 일찍 일어나는 습관 형성에 도움이 된 것 같습니다. 럭키비키!

6. 개인적으로 운영 중인 '어미 새 목표 클럽'에 대해 소개해주세요.

이 모임 역시 LBCC에서 잠시 운영했던 목표 모임에서 영감을 얻었어요. 톡방에 모여 각자 목표를 천명(?)하고 수행할 때마다 사진으로 인증하는 형태였는데, 인증 형식이 심플하고 인증할 때마다 서로 덕담을 나누는 것이 좋아 아주 잘 참여했습니다. 이 모임을 초보 엄마들과 함께 하면 좋겠다는 생각에 친구들을 모으기 시작했어요. 주변인 추천으로만 신중하게 멤버를 꾸렸고, 현재 9명이 모여 열심히 의기투합 중입니다(☺).

7. 어미 새 목표 클럽이 추구하는 가치는 무엇인가요?

1_목표가 작아도 주눅 들지 않는 모임: 육아를 하면서 거창한 목표를 세우는 데 한계가 있는데, 이를 부끄럽게 느끼지 않는 환경을 만들고자 노력합니다.

2_작은 실천도 크게 칭찬하는 모임: 육아하며 짬을 내어 뭔가 한다는 것이 얼마나 어려운지 알기에 모두가 진심으로 칭찬합니다.

3_광고 없는 육아 소통, 정보 나눔 모임: 주변에 육아하는 친구가 없어도 편하게 궁금한 점을 물어볼 수 있어요.

8. 모임을 만들기 전과 후 본인이 가장 크게 달라진 점은 무엇인가요?

아침 글쓰기 시간을 좀 더 건설적으로 쓸 수 있게 되었어요. 작은 목표지만 하루에 1시간 정도를 투자해야 하기에 이 시간을 잘 활용한 거죠. 아침에 혼자만의 시간을 '잘' 쓰면, 신기하게도 육아가 덜 지쳐요.

9. 챌린지형 모임을 운영하면서 가장 큰 어려움은 무엇인가요?

여러 소모임에 참여하고 직접 운영도 해보며 느낀 가장 큰 어려움은 시스템이에요. 멤버들의 이런저런 요구사항을 모두 반영하다보면 규칙과 인증 방법이 복잡해져

> **Check Point**
> 여러 소모임에 참여하고 직접 운영도 해보며 느낀 가장 큰 어려움은 시스템이에요. 멤버들의 이런저런 요구 사항을 모두 반영하다보면 규칙과 인증 방법이 복잡해져요.

요. 예컨대 노션 링크에 들어가서 이거 체크하고 저거 적어주세요, 하는 가이드가 더 생기는 거죠. LBCC 모닝 글쓰기 클럽은 줌 회의 오픈, 출석 관리, 디파짓 환급 등을 모두 운영진이 알아서 하기 때문에 참여자는 정말 '참여'만 하면 돼요.

어미 새 목표 클럽도 마찬가지로 간편하게 톡방에 사진 한 장, 글 한 줄(횟수만 추가하는 형태) 올리는 형태로 운영합니다. 혹시 더 디테일하고 촘촘한 모임을 원하신다면 아쉽지만 다른 모임을 추천해드리죠.

10. 본인의 모임에 참여한 사람들에게 꼭 하고 싶은 말이 있다면 무엇인가요?

얼마 전 연말을 맞이하여 어미 새 목표 클럽 멤버들과 연간 회고를 했어요. 막연히 '재밌겠다!' 싶어 시작한 모임인데, 이 모임이 고맙다며 눈물을 보이는 멤버도 있었죠. 극T인 저까지 코끝이 찡해지는 순간이었어요. 더 열심히 운영해야겠다고 생각했죠.

이뿐 아니라 12월에 방학을 가진 LBCC 모닝 글쓰기 클럽도 1월 운영 문의를 정말 많이 받았어요. 한 달 방학하면 다들 흩어지지 않을까 생각했는데 다시 찾아주시는 분들이 있어서 정말 힘이 나고, 힘닿는 순간까지 꾸준히 운영하겠다고 다짐했어요. 제가 꾸준히 하는 건 정말 잘하거든요!

목음ㅇ
ㅡ
ﾌﾍ

모임의 기술,

그 네 번째

How
어떻게 운영할 것인가?

LBCC의 멤버 중
한 명의 후기가 기억에 남아요.
LBCC를 일컬어
'올 때마다 늘 마음이 편한 곳.
편안한 공기의 흐름을 만들기 위해
운영진 두 분의 애쓰는 마음이 대단하다'
라고 표현해주셨어요.
보이지 않는 노력이 전달된 것 같아
뿌듯했습니다.

LBCC 운영 원칙
찾아와준 사람들에게서 힌트를 얻어 만든 방향성

4회의 파일럿을 진행하며 세운 기본 운영 원칙은 지금도 유지되고 있습니다. 초반부터 원칙을 정한 이유는 단순했어요. 원래 모임 참여를 즐기는 편인데, 모임마다 특유의 분위기가 존재하더라고요. 오프라인 모임을 기반으로 하는 브랜드에게 브랜드 경험에서 가장 중요한 건 만났을 때의 '분위기'라는 생각이 들어서, 좋았던 모임을 되짚어보며 운영 원칙을 세웠습니다. 지금부터 그 원칙을 소개할게요.

기버(giver)가 많은 커뮤니티

커뮤니티를 운영하면서 가장 크게 느끼는 점은 누군가가 기여하지 않으면 굴러갈 수 없는 구조라는 거예요. 포털사이트의 카페만 봐도 그렇잖아요. 사람들이 글을 써야 콘텐츠가 쌓이고, 자연스럽게 만남도 이뤄지고요. 그래야 또 새로운 사람들이 관심을 갖고 참여하는 과정이 반복되면서 영향력이 커지죠.

그러나 커뮤니티를 찾을 때 보통 자신이 얻을 것을 생각하지 '무엇에 기여하겠다', '받은 만큼 제공하겠다' 하는 마음을 갖지는 않더라고요. LBCC를 만들면서 가장 중요하게 생각한 제1 원칙은 참여자의 '기여'였어요.

일단 첫 번째로 기여하는 사람은 운영진일 거예요. 준원은 좋은 호스트들을 적극적으로 섭외해서 LBCC 구성에 기여했고, 소연은 호스트와의 대화 인사이트가 휘발되지 않도록 노션에 기록했죠. 멤버들에게 아이스크림을 제공하는 등 멤버 전용 이벤트를 기획하기도 했고요.

그리고 모임을 시작할 때마다 'LBCC 커뮤니티에 기여해줄 사람'을 찾고 있다고 알리고 '기여'를 '적극적인 의미'와 '소극적인 의미'로 정의했어요. 돌이켜보면 이 소개를 접한 사람에게는 기여를 새로이 인식하도록 돕고, 처음 온 사람들에게는 '기여하는 사람들이 많겠구나' 하는 기대감을 갖게 한 거죠.

적극적인 기여란 LBCC 모임의 호스트가 되거나 호스트를 추천하는 거예요. 추가적으로는 LBCC 멤버로서 주변 사람들에게 LBCC에 대해 좋은 인식을 주도록 개인적으로도 노력한다는 정도일까요? 소극적인 기여는 모임에 참여하는 것이에요. 호스트가 아니어도 무방하고 대단한 인사이트를 내지 않아도 괜찮죠. 그냥 모임에 참여하는 것, 멤버 카톡방에 좋은 정보나 이야기를 공유하는 것, 용기 내어 발언하는 것 자체를 (소극적) 기여라고 이야기합니다.

'기여'를 큰 가치로 두어서인지 (호스트 역할에 대한 부담감과는 별개로) 멤버 대부분이 호스팅을 하는 것을 뿌듯하게 생각해요. LBCC 멤버 카톡방과 행사에 도움을 줄 수 있어서 기쁘다고 하시는 분도 많고요. 2024년 LBCC 두 번째 연말 파티에는 정말 많은 멤버가 발 벗고 나서서 협찬을 보내주셨어요. LBCC에 기여할 수 있어서 기쁘다는 말씀과 함께요. '기여하는 사람'을 처음부터 구분할 수 있는 건 아니지만, 운영진이 먼저 기여하다보면 어느 순간 멤버들이 커뮤니티에 기여하는 빈도가 늘고 크기도 커지는 것을 느껴요. 요청하지 않아도 멤버들이 스스로 나서서 모임을 진행하고 싶다고 말하거나 LBCC를 돌보는 모습을 보면 그렇게 뿌듯할 수가 없어요.

 LBCC 멤버가 되기 위한 가장 중요한 요건은 '자신이 가진 지식이나 정보를 기꺼이 나눌 마음이 있는지'라고 생각합니다. LBCC 대화 모임은 매주 호스트를 필요로 하기 때문에 운영진이 이곳저곳 섭외 요청을 드리는데요. 새로 참여한 사람이라도 재미있는 이야기를 끌어낼 수 있을 것 같다면 현장에서 바로 다음 달 호스트를 제안드리기도 해요.

 호스트가 된다는 것은 부담스럽지만 대단한 용기를 내는 일이고, 그 모임이 어떤 참여자에게는 인생에서 꼭 필요한 시간이 될 수도 있어요. 그렇기 때문에 엄청난 기여라고 생각해서 멤버로 모시고 (마음으로) 레드카펫을 깔아드리며 환대합니다. 호스트 자리는 언제나 열려 있으니 이 책을 읽고 계신 분들도 기꺼이 도전해보시길!

내향인 친화적인 커뮤니티

 운영진 둘 다 내향인이라 딱딱한 분위기에서 낯선 사람들과 대화하는 것을 어려워하는 편이에요. 그래서 첫 만남에서 분위기를 풀고 싶은 마음에 가벼운 스몰토크를 꺼내거나 상대에게 질문을 던지는데, 그 과정에서도 외향인보다 훨씬 많은 에너지가 들죠. 하지만 내향인이라고 해서 새로운 사람들과의 네트워킹을 원하지 않는 건 아닙니다. 두 운영자처럼 사람들과 만나 적극적으로 네트워킹을 하고 싶은 내향인이 많다고 확신했고, 그렇다면 운영자로서 할 수 있는 최선은 대화 모임에 오는 분들에게 최대한 편안한 분위기를 제공하는 것이었어요. 분위기는 인위적으로 만들어지는 것이 아니기 때문에 참여하는 한 분 한 분을 세심하게 살피려 노력합니다.

 LBCC의 모임은 신규 참여자, 재방문자(두세 번째), 멤버로 이루어지는데 이미 안면이 있는 분들끼리는 서로 인사하고 안부도 물으며 편안한 분위기가 형성되지만 새로 참여한 분들은 낯설어서 쭈뼛거리거나 머쓱하게 자리에 앉아 계시는 경우가 많아요. 그럴 땐 신규 참여자와 기존 참여자가 섞여 앉도록 자리를 배치해서 기존 참여자가 리드하도록 합니다. 운영진도 가볍게 대화를 건네며 다가가려고 하는 편이에요. 특별히 신경 쓰는 점이 있다면, 인스타그램 정보를 통해 신규 참여자의 얼굴과 이름을 익혀서 처음 대면할 때 이름을 부르며 환대해요. 그런 사소한 행동들이 마음을 편안하게 만들어준다는 것을 경험으로 알고 있으니까요. 사실 운영진이 받고 싶은 환대를 제공하는 거예요.

모임을 시작할 때 '모임이 진행되는 2시간 동안 여러분이 던지는 질문이나 생각은 모두 콘텐츠가 되므로 하고 싶은 말은 무조건 하고 가라'는 말을 전하곤 합니다. 내향인들은 말하기 전에 생각이 많거든요. '이 이야기를 지금 타이밍에 해도 되나?', '남들 다 아는 이야기 아닐까?', '너무 사소해서 말하면 웃음거리가 되겠지?' 같은 정말 불필요한 생각들이요(라고 말하지만 운영진 또한 여전히 하는 생각입니다. 하하)! 그렇기 때문에 꼭 한 번은 짚어드리고, 어떤 이야기를 하더라도 수용적인 태도로 받아들일 자세를 갖춰요. 이와 더불어 모임의 말미에 이르도록 질문이 없거나 말하지 못한 분들(특히 계속 노트에 무언가를 적는 분들)에게 질문이 있는지, 하고 싶은 말은 없는지 꼭 여쭤봐요. 한번은 모임이 끝나갈 때까지 한 마디도 하지 않은 분에게 말을 붙였더니 기다렸다는 듯 10분 이상 이야기하신 일도 있었어요. 모두가 대화에 조금이라도 참여하게끔 독려하고, 중요한 질문이었다고 칭찬하면서 계속 대화하고 싶은 다정한 분위기를 만들려고 노력합니다.

논알코올 큐레이션 플랫폼 '마켓노드'를 운영하는 소희 대표님은 LBCC의 멤버인데, LBCC를 일컬어 '올 때마다 늘 마음이 편한 곳. 편안한 공기의 흐름을 만들기 위해 운영진 두 분의 애쓰는 마음이 대단하다'라고 표현해주셨어요. 보이지 않는 노력이 전달된 것 같아서 너무 뿌듯했습니다.

그럼에도 여전히 모임 후기를 받아보면 "사실은 이런 게 궁금했는데 말을 못 했어요" 하는 분들이 꼭 몇 분씩 계세요. 그런 분들께 이 자리를 빌려 말씀드리고 싶어요. LBCC에서는 어떤 질문도 괜찮습니다. 세상에 가치 없는 질문은 없어요. 질문은 언제나 환영이니 우리 만나면 편하게 이야기 나눠요!

> **kxohee** Lazy Bird Coffee Club ☕
>
> 게지런한 커뮤니티를 지향하는 LBCC에서 마켓노드 그리고 창업 과정에 대한 이야기를 전하는 귀한 시간을 갖게 되었다. 실제로 마켓노드를 세상에 선보이기까지 '잘 하고 있는걸까?'라며 막막함을 느끼거나 홀로 고군분투했던 기억이 많기에, 2시간 동안 다른 분들의 고민을 속 시원하게 해결해 드리진 못하더라도 내 경험을 벗 삼아 조금의 실마리를 드릴 수 있다면 더할 나위 없이 좋을 것 같았다. (시작하기 전에 '오늘 탈탈 털릴 준비가 되어있습니다'라고 선언함..)
>
> 2시간가량 여러 이야기를 나눈 뒤에는? 외려 나의 마음이 더 충만해졌다. 각자의 소신대로 삶을 이끌어 나가는 분들의 기분 좋은 에너지와 빛나는 호기심, 그리고 우리의 행보를 응원해 주시는 마음까지. 그저 이 일에 대한 우리의 애정과 진심이 닿기를 바랐는데, 그보다 더 다채로운 감정이 가득 차올라서 그날 명덕과 저녁을 먹으며 한참 동안이나 오갔던 이야기들을 곱씹었다. 소중한 시간을 함께한 모든 분들께 깊은 감사를 표하고 싶다. 🖤 우리 다음에 또 꼭 만나요!
>
> 추신 - LBCC에 오면 늘 마음이 편하다. 게스트로 참석했을 때에도, 호스트로 참석했을 때에도 모두 그러했다. 이런 마음을 갖도록 한다는 것이 정말 쉽지 않은데 준원오빠와 소연님은 이걸 또 해낸다! 보이지 않는 공기의 흐름을 만들기 위해 두 분이 얼마나 고민하고 애썼을지.. 새삼 대단하다는 말을 전하고 싶은 마음! 흥해라 LBCC!
>
> 혹시 LBCC 에서 호스트 제안이 간다면 꼭 붙잡으세요! 궁금했던 주제의 세션이 올라온다면 주저하지 말고 신청해 보세요! 🌙
>
> @lazybirdcoffeeclub
> @jumerny @sy2you

LBCC 멤버인 소희 님이 남겨주신 소중한 후기. 마음 편한 모임을 지향합니다!

빌런(?) 없는 커뮤니티

속된 말로 '또라이 질량 보존의 법칙'이라는 표현이 있잖아요. 어떤 모임에 가도 한 명 정도는 꼭 목적이 다른

(소위 빌런 같은) 사람이 있다는 말이요. 검증된 이야기는 아니지만 사람들이 흔히들 말하는 걸 보면 어느 정도 공감대가 형성되어 있는 것 같아요. 모임을 아무리 운영해도 불순한 의도를 가진 사람을 걸러내는 능력이 생기는 건 아니지만, 그런 이들을 사전에 최대한 차단할 수 있는 나름의 운영 원칙이 있어요. 몇 가지를 소개해볼게요.

1. 모임 시간이 '일요일 아침'이라는 허들을 두었어요. 아무리 빌런이라도 일요일 아침 일찍 일어나 모임에 오는 정성을 기울이긴 힘들지 않을까요? 참여 비용보다 시간이 더 큰 허들로 작용할 거라고 판단했어요. 간혹 참여자들이 "일요일 아침에 모이는데 어떻게 레이지버드냐!" 하고 농담 섞인 반응을 보이기도 하는데, LBCC는 이 원칙을 꾸준히 지켜나가고 있습니다(그리고 얼리버드는 새벽에 일어나요… 쨱쨱).

2. 신청받을 때 자기소개를 진정성 있게 쓴 분들 위주로 선발해요. 진정성을 꼭 신청 글의 분량으로 판단하는 건 아니고요. 대화 주제와 밀접한 직업을 가지고 있거나, 주제에 관한 고민이 깊어 이 모임을 정말 필요로 할 것 같

은 분을 우선으로 선발하고 있어요. 어쩌면 '참여비도 내야 하는데 자기소개도 길게 작성해야 하고, 선정되지 않을 가능성까지 있다고!?' 하면서 반감을 가지실 수도 있겠지만, 모임에 진심으로 참여하여 최대한 양질의 인사이트를 가져가시도록 하는 장치로서 이 원칙을 고수하고 있습니다.

3. 노쇼하는 경우 이후 모임 선발을 1회 제한합니다. 멤버라도 예외 없이 동일하게 적용하는데요. 미리 알리지 않고 당일 불참하는 행위는 이 자리에 오고 싶어도 오지 못하는 누군가의 기회를 빼앗은 것이기에, 불참에 대한 책임감을 느끼게 하기 위해 이 룰을 만들었습니다. 다만, 정말 예기치 못한 사정도 있으니 엄격하게 안내하기보다 내부적으로 결정하는 규정으로 활용하고 있어요.

좋은 대화의 조건
말이 잘 통하는 이들과의 대화 끝에는 희열이 있어요

우리는 평소 많은 대화를 나눈다고 '믿어요'. 하지만 생각해보세요. 일상에서 대화보다는 대답을 더 많이 하고요, 의견을 내기보다 다른 사람의 말을 듣는 일이 더 잦고 더 편안해요. 진정한 '대화'를 하지는 않는 거죠. 그러다보니 생각을 말하기가 어색해지고, 대화를 이어나가기 어려워하는 일도 생깁니다. 많은 사람이 소통의 중요성을 이야기하고 소셜미디어에서는 '소통해요'라는 말이 넘쳐나지만, 사실 소통의 본질은 '대화'를 잘하는 데 있습니다. 본질을 잊으니 키보드워리어만 양산되는 것이 아닐까 하는 생각이 들었어요.

 그렇다면 대화를 위해 무엇을 해야 할까요? 좋은 대화는 어떤 걸까요? 근사한 말을 주고받으면, 티키타카가 잘 되면 좋은 대화일까요? LBCC 모임 후 가장 마음에 드는 피드백은 '우리가 대화의 안전지대를 만들어간다'였어요. LBCC에서의 대화가 특별한 이유가 무엇일지 생각해보니 다음과 같은 특징이 있더라고요.

날것에 가까운 대화에서 나오는 진짜 인사이트

 모임이 끝나고 나오는 길에 "오늘 모임 어땠어?"라며 가볍게 회고를 나누는데요. 특별히 더 좋은 대화를 나눈 날이 있어요. 호스트가 모임 준비 과정에서 작성하지 않은 정보나 의견들, 날것의 대화에서만 얻을 수 있는 진짜 인사이트가 대화에 녹아 나온 경우입니다. 정제되지 않은 정보이다보니 티키타카를 거치며 콘텐츠가 불어나고 그래서 더 흥미롭죠. 이제는 대화가 호스트와 준비한 대로만 흘러가면 오히려 재미없다고나 할까요? 그래서 LBCC에서는 날것에서 비롯되는 인사이트를 많이 뽑아내기(?) 위해 두 가지 원칙을 적용합니다.

첫째, 호스트에게 발제를 위한 PPT나 시각 자료 등 '강의 자료'를 요청하지 않아요. 일단 일방향적 강의를 지양하기 때문이고요. '대화'를 한다는 느낌은 (상대의 눈까지는 아니더라도) 상대방을 응시할 때 시작된다고 생각하기 때문이에요. 자료가 있으면 호스트가 떠먹여주는 정보를 습득하기 위해 화면만 뚫어져라 보게 되더라고요. 다들 노트북이나 노트에 받아 적느라 바쁘고요. 시각 자료를 바탕으로 브리핑하면 사람들은 좋은 대화보다는 좋은 정보를 얻었다고 평할 때가 많아요.

조용히 듣다가 끝나면 강의와 다를 바가 없거든요. 화두를 던지면 자신의 의견을 말하고 거기에 의견이나 정보를 보태면서 콘텐츠가 풍성해진다는 걸 수없이 확인했기 때문에, 시각 자료가 꼭 필요하다면 이해를 돕는 이미지만 활용하고 있어요. 상상에 도움을 주는 정보 정도로요. 종종 시각 자료를 요청하시거나 유인물이 있으면 좋겠다는 의견을 주는 분도 계세요. 그래서 LBCC는 그날의 모임 내용을 정리하고 노션에 업데이트하여 멤버들에게 제공해요. 인사이트를 복기하고 싶을 때 언제든 열어볼 수 있도록 말이죠!

둘째, 토론보다는 가벼운 대화로 이끌어가요. 알짜 정보들은 정제되지 않은 대화, 특히 업계 근황에 대한 생각 등을 가볍게 주고받는 대화에서 나옵니다. 이를 매주 경험하다보니 LBCC는 가벼운 대화를 통해 알짜 정보를 살살 끌어내는 모임이 되어가는 듯해요. 현업에서 열심히 제 역할을 해내는 중니어들이 주로 방문하기 때문에 업계 현황이나 업무에 대한 인사이트가 아주 풍부한데, 이런 진짜 지식들은 긴장이 풀리면서 자연스럽게 나오는 것 같아요. 편안한 분위기에서 양질의 정보가 오가며 진주 같은 인사이트들이 마구 튀어나와요. 아, 그렇다고 LBCC가 기업들의 대외비를 캐낸다는 뜻은 절대 아니니 걱정 마세요!

격식 차리지 않은 편안한 분위기에서 이야기할 때 궁금증도 많아지고 호응도 높아져요. 그러기 위해서는 분위기가 너무 무겁진 않아야 하기에 심각한 주제가 나왔을 때 분위기를 환기하는 위트가 필요하죠. 가벼워져야 해요. 그래야 묵직한 인사이트가 가벼워진 입을 타고 밖으로 나온답니다.

타 커뮤니티 중에는 토론 중심으로 진행하는 곳들이 있어요. 자료를 미리 준비하고, 논의하는 자리에서 최대한

의 인사이트를 공유하려 노력하죠. 하지만 토론은 결국 양측으로 나뉘어 의견을 주고받아야 하잖아요? LBCC는 참여한 누군가에게 패배감을 느끼게 하고 싶지 않았어요. 대신 참여자들이 '새로운 걸 배웠다'고 느끼며 다음 날, 다음 주를 시작할 정도로 의식이 고양되면 충분하다고 생각해요. 종종 LBCC를 방문한 분들이 '따듯한 모임'이라는 후기를 남겨주시는데, 대화를 꾸려가는 방식에 이런 디테일이 녹아 있기 때문이 아닐까 싶어요. 기분 좋게 대화하면 좋잖아요?

좋은 답을 끌어내는 좋은 질문

만족도가 높았던 모임에는 '좋은 질문'들이 오갔다는 공통점이 있어요. 잘 들었으니 좋은 질문을 던지고, 질문이 좋으니 유익한 답변이 나오고, 양질의 답변에서 또 좋은 질문이 시작되는 연쇄 반응이자 선순환이죠. 그래서 좋은 대화를 위해서는 '질문을 잘하는 것'이 가장 중요하다고 생각해요.

LBCC 모임에서는 호스트가 준비한 20~30분의 발언이 끝나면 대화를 시작하는데, 대개 첫 질문은 모더레이터인 준원이 시작하게 되더라고요. 해당 주제에 대해 먼저 호스트와 대화를 나누어보기도 했고, 그 내용을 호스트 다음으로 잘 이해하고 있는 사람이기 때문이겠죠. 그래서 '처음 던질 좋은 질문'을 미리 준비해두곤 해요. 가급적이면 모임에 참석한 사람들이 가장 궁금해할 만한 것으로요. 참여자들이 물어보고 싶은 것을 대신 물어봐준다고 봐도 무방합니다.

이렇게 생각하면 LBCC에서 말하는 좋은 대화란 '산파법'에 가까운 것 같기도 해요. 고대 그리스에서 소크라테스가 활용했던 대화 방식처럼, 질문에 질문을 이어 답을 찾아갑니다. 그 과정에서 막연했던 생각들이 점차 선명해져요. 화두를 던지고 질의응답하면서 각자 지적으로 성장하고, 또 네트워킹을 통해 저변을 넓혀가는 거죠.

어쩌면 LBCC는 정답을 찾기 위해서가 아니라, 좋은 답을 얻을 수 있는 좋은 질문을 하도록 돕는 것 같아요. 좋은 질문을 할 수 있다는 건 그만큼 영감을 받았고, 더 알고 싶다는 의욕이 생긴 거잖아요? LBCC가 정의하는 좋은 대화의 조건은 달라질 수 있겠지만 참여자에게 기분 좋은 대화 경험을 선사한다는 지향은 변치 않을 거예요.

대화를 조율하는 모더레이터
모두를 위해 누군가는 말을 잇고 맺으며 조절해야 해요

'우리 커뮤니티에서는 누구나 부담 없이 말할 수 있어요'라고 한다고 해서 갑자기 참여자의 긴장이 풀리거나 투머치토커가 대화 지분을 알아서 줄이지는 않습니다. 운동경기에 심판이 필요하고 토론에 사회자가 필요하듯 대화 모임에는 말문을 트고, 어려운 말은 맺고, 중언부언하는 말은 끊어줄 모더레이터가 필요해요. 특히 대화 모임은 모더레이터의 디테일한 개입이 모임의 질을 좌우한다고 해도 과언이 아닙니다. 대화 모임이 많은데도 LBCC를 찾아주신 분들은 참여하기 편안했다고들 말씀하세요. 그

때마다 어떤 부분이 좋으셨을까 생각해보고 기록해둡니다. LBCC의 대화 모임을 편안한 분위기로 만들기 위한 모더레이터의 역할을 소개할게요.

모임 전: 자리 배치 및 맞이하기

편안한 분위기에서 대화 나누는 모임이 되려면 참여자를 환대하고 분위기를 풀어주어야 해요. 기본적으로 모임 시작 30분 전에는 현장에 도착해서 자리 배치, 음료 준비 등 현장 세팅을 하는데(장소를 빌릴 때 이 시간도 포함해야 해요) 이 중에서 자리 배치가 모더레이터의 첫 미션이에요.

LBCC는 참여자들의 이름표를 미리 자리에 올려둡니다. 참여자가 도착해서 헤매지 않도록 '이름표 있는 곳에 앉으시면 됩니다'라고 안내해요. 이름표를 단순히 가나다순으로 배치하는 것은 절대 아니에요. 대화에 적극적으로 참여할 것 같은 사람이나 모임에 여러 번 참여한 멤버 중 이야기를 많이 하는 사람 사이에, 상대적으로 어색해할 신규 참여자를 배치해요. 그리고 지각하는 사람은 대화의 흐름을 끊을 수 있으므로 문 쪽에 앉게 하죠.

또한 신규 참여자에게 신경을 많이 씁니다. 맨투맨 마킹까지는 아니지만 어디서 왔는지, LBCC를 어떻게 알고 왔는지 등을 물어보며 반가움을 많이 표현해요. 대화할 때에도 이름을 부르며 질문을 건네면 환대받았다고 느끼는 경우가 많았어요. 억지 아이스 브레이킹을 위한 프로그램을 짜기보다 소소한 스몰토크를 나누는 것이 자연스럽고 부담스럽지 않은 '느슨한 연대감'의 시작점 아닐까 싶어요.

모임 초반: 경청하기

대화 모임이라고 해서 '대화 시작!' 하면 와다다 입을 여는 것은 아니에요. 모임을 간단히 소개하고 호스트가 준비한 이야기로 대화의 문을 열죠. 이때 중요한 건 '대화를 평가하지 않기', '말하고 싶은 내용이 있다면 숨기지 말고 이야기하기'라는 모임 가이드가 실제로 작동하도록 경청하는 태도예요. 호스트가 준비한 내용을 모임에 참석한 그 누구보다도 흥미롭게 듣는 거죠. 대화가 편안하게 오가는 분위기는 내가 말했을 때 누군가 들어줄 것이라는 확신에서 나온다고 생각하거든요. 모더레이터가 그 역할을 가장 잘 수행하는 사람이 아닐까 싶어요.

모임 중: 적절히 개입하기

대화가 지나치게 무거워지지 않도록 중간중간 적절한 농담으로 웃음을 유발하는 것도 필요해요. 특히 주제가 특정 직무의 애환이나 이직, 퇴사 등 고민스러운 상황에 대한 것이라면 대화 중 감정이 격해질 수도 있어요. 성격이 섬세한 분들은 보통 사람보다 깊은 상념에 빠져들 수도 있고요.

그래서 처음에 인사를 나눌 때뿐만 아니라 대화 중간중간에도 위트 있는 개입이 필요해요. 웃으면서 가볍게 '아, 그렇게 진지하게 접근하려는 건 아니고, 여기서 나오는 답이 모두 정답은 아니에요'라는 뉘앙스를 풍겨주는 게 효과적이었어요. 대화에서 중요한 건 참여자들의 의견이 모두 같은 무게라는 걸 깨닫는 것이니까요.

다수의 인원과 대화하다보면 중간에 정신 줄을 놓는 분도 많아요. 모더레이터는 흐름을 놓친 이들이 대화로 돌아오도록 의견을 물어보면 좋아요. 이름표에 적힌 이름을 부르면서 물어보면 아주 놀랍게도 다시 대화에 빠르게 집중합니다. 다른 사람들도 언제든 자기 이름이 불릴 수 있으니 대화에 더 집중하더라고요. 중요한 건, 친분이 있더라도 대화 모임 중에는 별칭이 아닌 이름을 불러서 모임에 참여한 모두가 평등하다고 느끼게끔 해주세요.

모임 후반: 사람들 챙기기

대화 모임이 종료되면 모더레이터는 참석한 사람들을 독려해서 호스트에게 박수를 보내요. '오늘 이 자리를 위해 애써 준비해주신 호스트님께 박수를 부탁드립니다' 정도의 멘트로 박수를 유도하는데 정색하며 거절하는 사람은 없어요. 작은 디테일이지만 모임에 기여한 사람에게 적절한 칭찬의 박수를 보내는 것도 이 모임이 상식적이고 따뜻한 곳이라고 느끼게 만드는 장치라고 생각해요. 누구나 호스트가 될 수 있고, 저 자리에서 자신의 이야기를 나누고 박수받는 기버가 될 수 있다고 독려하는 거죠.

모임이 끝난 후에는 네트워킹이 이루어지는데요. 이때 모더레이터는 멀뚱멀뚱 서 있는 신규 참가자들에게 가서 먼저 말을 건네고, 오늘 모임이 어떠했는지 물어봐요. 신규 참여자 대상의 설문 조사를 따로 하고 있지만, 직접 물어보는 것만으로도 사람들은 이곳이 내게 세심하게 신경 쓰고 있다고 느끼더라고요. 그리고 오늘 만나서 대화 나누어 매우 즐겁고 반가웠다는 이야기를 꼭 해요. 인사치레라고 생각할 수도 있지만 사람들은 섬세한 인사에 생각보다 감동받는답니다.

게스트를 편안하게 만들어주는 무드를 처음부터 알고 있었냐면⋯ 그렇지는 않아요. 유튜브에서 문명특급, 핑계고, 요즘사, 무빙워터 십년지기 등 다양한 인터뷰 콘텐츠를 보며 공부했어요. 참고할 것과 참고하지 않을 것을 잘 구분해서 인지하고 실행에 옮겼어요. 안전한 대화가 오가도록 편안한 분위기를 만드는 천부적 센스가 없더라도 베테랑 진행자들의 센스를 보고 배우면 분명 더 나아질 거예요.

허들의 미학
허들을 영리하게 사용할 줄 알아야 함을 배웠다

사람들은 참 이상해요. 누구나 누릴 수 있는 것은 가치가 없다고 느껴요. 명품이 부러움의 대상인 이유는 '가격'이라는 허들 때문에 아무나 가질 수 없기 때문이죠. 커뮤니티도 마찬가지더라고요. 누구나 참여할 수 있는 커뮤니티에는 큰 매력을 느끼지 못하는 것 같아요. 언제나 누구나 참가할 수 있으니 딱히 지금이 아니어도 괜찮아, 뭐 이런 심리가 아닐까 싶어요.

하지만 '지금이 아니면 안 돼'라는 마음은 사람들이 기꺼이 지갑을 열게 만들죠. 그만한 '가치'가 생겼으니까요.

아무나 가질 수 없는 가치를 만든다는 건 다시 말해 '가질 수 있는 기회를 제한하면 가치가 생긴다'는 의미입니다. 이번엔 LBCC가 모임을 거듭하며 깨달은 '허들의 미학'에 대해 이야기해보려고 해요. 커뮤니티가 활용할 수 있는 허들은 크게 세 가지예요. 바로 시간, 인원 제약, 돈입니다.

허들 1. 시간

누구에게나 공평하면서 가장 강력한 허들이 바로 시간이에요. 가처분 소득이 적은 이에게는 돈이 큰 허들이겠지만 연봉이 몇억인 누군가에게 돈은 허들이 아니겠죠. 하지만 시간은 누구에게나 똑같이 주어지잖아요. 돈이 많든 적든 LBCC 대화 모임에 참여하려면 꿀 같고 황금 같은 일요일 오전 시간을 할애해야 해요. '주말 오전에 모인다'는 콘셉트는 진심으로 대화하고 싶은 사람들, 커뮤니티에 합류하고 싶은 이들에게 돈보다 유효한 허들로 작동하고 있어요.

이를 증명하듯 일요일 오전에 모이는 LBCC 정규 모임에는(적어도 이 글을 쓰고 있는 시점까지는) 대화를 훼방 놓는 빌런이 없었어요(아, 물론 앞으로도 없었으면 해요). 운영진만의 생각일 수 있지만 모임 시간이라는 허들이 매우 유효했다고 평가해요. 평일 저녁에 열리는 모임에는 빌런이 모습을 드러낸 적이 몇 차례 있거든요. 그것도 아마, 고달픈 중니어의 슬픔이 빌런이라는 형태로 드러난 게 아닌가 싶긴 해요.

허들 2. 인원 제약

LBCC의 모집 인원은 평균 13명, 최대 15명입니다. 신청자는 그보다 많지만 공간 제약 때문에 늘 경쟁률이 높은 편이에요. 그럼 다양한 곳에서 다양한 주제로 동시에 열면 되는 거 아닌가 싶겠지만, LBCC는 운영진이 다양한 중니어를 만나 이야기 나누고 싶다는 소망을 담아 시작했기 때문에 만나지 못하는 사람들까지 고려해 프로젝트를 확대할 필요는 없다고 판단했어요. 그래서 매주 하나의 정기 모임이 지속적으로 열리죠.

그렇기 때문에 모임에 신청해도 선정되어야만 참여 가능해요. 시간을 낼 의지가 있고 신청도 했는데 선정까지 되어야 한다니…. 쓰다보니 허들이 꽤 높은 모임 같네요.

그런데 감사하게도 재수, 삼수, N수를 해서까지 LBCC를 찾아주시는 분들이 꽤 많아요. 가고 싶어도 못 가기 때문에 더 아쉬워하고, 다음에 동일한 주제로 모임을 한 번 더 열면 안 되냐고 문의하시기도 해요. 그리고 아쉬워하던 분들은 다른 주제의 모임에 합류하시더라고요.

모든 사람을 받을 수 없기 때문에 한때 온라인 송출도 고민했어요. 하지만 한편으로는 오프라인 모임에 직접 나와야만 대화 내용을 알 수 있으니(멤버들을 위해 노션으로 대화 내용을 정리해놓긴 해요) 모임에 참여하려는 사람들이 더 많은 것 같기도 해요. 정말 오고 싶어 하는 분들이 참여하다보니 확실히 참여 후기도 좋고요. 이렇게 오프라인 모임에 참여한 분들은 주변에 LBCC 모임을 추천하는 경우가 많습니다. 추천받아 방문한 분들이 많아질수록 실망시키지 않고 더 좋은 대화를 나눌 수 있게 도와야겠다는 사명감도 커지죠.

허들 3. 돈

가장 낮은 허들이지만 올리기는 어려운 것이 모임비에요. LBCC는 무료로 운영되다가 6개월이 지난 27회차 모임부터 참여자들에게 모임비를 받기 시작했어요. 모임원들이 LBCC가 지속되기를 바란다면서 커뮤니티 유지를 위한 수익화를 추천하더라고요. 하지만 이 모임비는 커피값과 공간 대관료 등이 포함된 가격으로, 사실상 운영진과 호스트 인건비를 모두 감당할 수는 없는 구조예요(호의로 참여해주시는 LBCC 호스트분들께 정말 감사드립니다). 아, LBCC의 형편이 어렵다고 말씀드리려던 건 아니에요. LBCC는 수요를 조절하는 용도로도 모임비를 활용하고 있어요.

무료일 때는 선발이 어려울 정도로 신청자가 많았어요. 인원이 많으니 카페에 모인 후에도 각자 음료를 주문하느라 산만해지기 일쑤였고, 무엇보다 노쇼가 많았어요. 그런데 모임비를 받은 후부터는 신청 인원이 운영하기에 안정적인 숫자로 내려왔습니다. 노쇼 비율도 많이 줄었고요(없어진 건 아닌…). 그리고 재밌는 사실은 대화에 좀 더 적극적으로 참여한다는 거예요. 돈을 지불한 만큼 더 적극적으로 임한달까요?

그런데 2025년 3월 현재 LBCC 인스타그램 팔로워 수가 7,000명을 넘기면서 모임 신청자 수가 다시 증가하고 있어요. 그래서 모임비를 인상해서 허들로 활용하려 해요. 수요를 조절하기 위한 목적이지만 그렇다고 많이 올리지는 못할 것 같아요. 수요를 조절하겠다는 이유만으로 무턱대고 모임비를 올릴 수는 없고, 모임비를 인상하면 우리가 무엇을 더 제공할 수 있는지에 대한 고민도 필수적이에요. 그래야 고객도 만족하고, 운영진으로서도 부채감(?)이 없을 테니까요.

너무 높은 허들을 우린 벽이라고 부르기로 했어요

앞서 말한 세 가지를 포함해서 허들을 무조건 높게 잡으면 아무나 못 오는 커뮤니티가 되니까 더 잘될 것 같잖아요? 허들이 너무 많거나 까다로우면 그냥 방문이 없어져요. LBCC는 모집 글에 신청자들을 '전시'하지 않아서 좋다는 피드백을 들은 적이 있어요. 모임 신청을 댓글로 받지 않고 초기에는 DM, 지금은 구글폼으로 받기 때문에 운영진 외 타인은 절대 신청 글을 볼 수 없어요.

일부 커뮤니티에는 모임에 참여하려면 반드시 모집 글에 장문의 댓글을 작성해야 하거나, 신규 참여자는 반드시 후기를 올려야 한다는 미션이 있다고 해요. 참여자를 전시한다고 느껴지는 건 그 때문인 것 같았어요. 일부러 손님을 줄 세워 인기를 얻으려는 식당처럼, 신청자들을 보여주며 '여기 뭔가 있나 보다', '나도 여기 끼고 싶다'고 느끼게 하는 마케팅 전략이 아닐까 하는 생각이 스쳤습니다. 이런 접근이 옳은지에 대해 함부로 단언할 수 없지만 LBCC는 그렇게 하지 않으려 해요. 커뮤니티는 좋은 사람들을 모아 관계를 맺고 지속적으로 확장하는 데서 의미를 가집니다. 이러한 과정의 주체는 참여하는 사람이기 때문에 커뮤니티가 아니라 참여자가 우선이어야 한다고 생각해요. 우리를 찾아온 미래의 멤버를 소외시키는 방식으로 건강한 모임과 커뮤니티를 만들 수 있을까요?

LBCC의 강점: 호스트 섭외

화수분처럼 나오는 호스트 라인업을 다들 신기해요

매주 일요일 정규 모임에는 대부분 호스트를 모십니다. 종종 호스트 없이 준원의 모더레이팅으로만 진행하는 세션을 제외하면 지금까지 90번 이상의 모임을 호스트와 함께했네요. 그중에는 인스타그램 30만 팔로워를 가진 인플루언서도 있었고, 베스트셀러 작가, 유명 아나운서, 네·카·라·쿠·배·당·토에서 일하는 분들도 있었어요. LBCC를 오래 지켜봐온 분들은 호스트 섭외력이 LBCC의 경쟁력이라고 입을 모아 칭찬해주세요(물론 이건 다 호스트님들이 선의로 LBCC에 기여해주신 덕분입니다. 이 기회에 감사의 인사를 드려요).

LBCC에 재방문한 이유를 여쭤보니 정성적인 동기가 두 가지였어요.

1. (나에게 도움이 되는) 어떤 사람을 만날 수 있는가?
2. (나에게 도움이 되는) 어떤 대화를 나눌 수 있는가?

그래서 LBCC가 호스트를 섭외하는 기준은 위 두 조건에 맞춰져 있어요. 관심 가는 주제를 놓고, 대화하고 싶은 사람을 섭외하는 거죠. '대화하고 싶은 사람'의 기준은 여러 가지가 있겠지만, LBCC 정규 모임에서는 유명세보다는 진정성에 포커싱하고 있어요.

자, 여기까지는 누구나 할 수 있는 이야기일 거예요. 디테일 없이 방향성만 있는 외침이죠. 매주 호스트를 모시기 위해서는 몇 가지 원칙과 가이드가 필요했어요. 이 책을 읽고 계실 여러분은 보다 쉽게 호스트를 섭외하길 바라면서 LBCC가 호스트를 섭외한 과정과 방법을 정리해 볼게요.

처음에는 친구의 낯선 이야기로 시작하세요

일단 꼭 알아두면 좋을 명제가 있어요. 주제를 세팅하고 사람을 찾는 것보다 사람을 세팅하고 주제를 발굴하는 편이 훨씬 쉬워요. 모임을 만들고 인스타그램 계정에 '이제 나 이거 할 겁니다!'라고 외쳐도, 호스트가 되어줄 사람들은 친한 친구밖에 없어요. 냉혹한 현실이지만 첫걸음 단계에 기댈 수 있는 건 친분밖에 없습니다. 일단 친구가 다룰 수 있는 주제를 정하고 그를 호스트로 섭외합시다. 친한 친구가 할 이야기는 우리가 다 알 것 같잖아요? 그런데 친구들의 본업 이야기는 생각보다 희소성 있는 주제일 수 있어요.

평소 술자리에서 시시덕거리며 안줏거리로 삼던 이야기 말고, 본업에 대한 진정성 혹은 취향이나 관심사로 접근하면 새로운 콘텐츠가 만들어지더라고요(정말로요!). 요즘 친구들 사이에서 유행하는 놀이 중에 '내가 무슨 일 하는지 소개하는 PPT 발표'라는 게 있대요. 호스트도 부탁할 겸, 이 참에 친구의 삶에 (이미 충분할지도 모르지만) 관심 한 스푼 더 얹어보는 거죠!

친구를 호스트로 세울 때 주의할 점은 친구가 오글거리지 않고 이야기할 수 있도록 친구에게 낯선 사람들을 모으는 거예요. 모임을 주재하는 모더레이터에게는 친숙해도 OK! 익숙한 사람들을 모으되 그 안에서 낯설게 구성하는 게 초반 모임을 실행하는 데 효과적이었어요. 이렇게 주변에서 시작하여 긍정적인 경험을 쌓고, 그들이 이 모임을 추천하게끔 하는 게 중요해요.

친구 섭외가 끝나간다면, 섭외풀을 확장해봅시다

친구나 지인들을 섭외하는 것은 아무리 주변에 많은 인맥을 보유하고 있는 준원이라 해도 1년쯤 되니 슬슬 한계가 오더라고요. 범위를 확장하기 위해 시도했던 방식은 모임 참여자 중에서 콘텐츠가 있다고 판단되는 분을 섭외하는 일이었어요. 친한 친구를 섭외할 때와 달라진 것은 바로 격식이 생겼다는 점입니다. 이쯤부터 노션 가이드가 만들어지기 시작했어요.

가이드가 있으면 섭외를 효율적으로 할 수 있습니다. 친한 친구나 지인을 섭외할 때는 안부 묻는 것을 시작으로 수다 떨듯 함께 모임 내용을 만들어갔어요. 주로 메신저나 통화를 이용했고요. 그 과정이 스몰토크를 버무려 다소 체계 없이 진행됐었다면, 현재는 호스트 진행에 동의하신 분들에게 노션으로 제작된 가이드를 전달드려요. 그분들이 정해진 기간 안에 가이드를 작성해 보내주시고요. 그 덕에 많은 분들과 미리 소통하고 일정을 조율해서 향후 3~6개월 정도의 모임 일정을 관리할 수 있게 됐어요.

 모임에 참여하신 분들께 종종 "어쩜 이렇게 좋은 호스트분들을 끊임없이 섭외하세요?"라는 질문을 받곤 하는데요. '끼리끼리는 사이언스'라는 말을 믿기에 좋은 사람 옆에는 늘 좋은 사람이 있다고 생각합니다. 저희 모임에는 직업에 대한 진정성을 가지고 계속 성장하려는 분들이 많이 참여합니다. 그 덕분에 양질의 콘텐츠를 가진 분들을 화수분처럼 끊임없이 섭외할 수 있는 것 같아요.

 특히나 LBCC의 섭외력에는 준원의 집요함도 한몫하는데요. 좋은 호스트는 절대 놓치지 않아요. 좋은 콘텐츠를 가졌지만 나서기 싫어하거나 수줍어하는 분들도 많이 계시거든요. 그리고 큰 편익이 없다면 시간을 내기 어려울 것이고요. 그래서 준원이 고안한 방법이 있어요. 바로 호스팅 100일 전에 연락해서 문의하는 거예요. '다음 달 호스트 가능하세요?'보다 '3개월 뒤에 호스트 가능하세요?'

가 덜 부담스럽게 느껴지기 때문일까요? 아니면 거절하기 애매해서일까요? 어느 쪽인지는 모르지만 성공률은 높아요. 생각해보면 비행기나 호텔 예약을 미리 하는 것과 동일한 원리 같아요. 미리 예약한 자가 이긴다(?).

원하는 호스트에게 인스타그램 콜드DM도 보내봅시다

아무런 인적 네트워크가 없는데 연락하는 것을 '콜드○○'이라고 해요(메일을 보내면 콜드메일, DM을 보내면 콜드DM). LBCC가 호스트를 섭외하는 가장 좋은 창구는 인스타그램입니다. 지적이고 자신의 일을 사랑하는 사람들이 개인 브랜딩을 위해 인스타그램에 다양한 콘텐츠를 쏟아내고 있기 때문이에요. 또한 LBCC의 주요 채널이기도 하고요. 콜드DM의 주요 목표는 이메일 주소를 알아내는 것이에요. 그다음 이메일에서 좀 더 본격적인 이야기를 하는 순이죠. DM에서 모든 내용을 다 이야기할 필요도 없고, 해봤자 다 읽지도 않아요(여러분도 비슷하죠?).

LBCC는 다음과 같은 내용으로 콜드DM을 보내요. 주저리주저리 구질구질해 보일 수 있는데, 격식을 차리기보다는 LBCC가 어떤 커뮤니티인지 정확하게 알리되 부담 없이 참여할 수 있도록 내용을 설명하는 편이에요.

○○님 안녕하세요!
처음 뵙겠습니다.

저는 중니어 커뮤니티 @lazybirdcoffeeclub(줄여서 LBCC)을 만들고 운영하고 있는 서준원이라고 합니다.

다름이 아니라 저희 LBCC에 ○월 ○일 혹은 ○일 호스트로 자리해주실 수 있을지 문의드리고자 이렇게 불쑥 DM을 드리게 되었습니다.

LBCC는 매주 일요일 오전, 중니어들이 모여 '게으를 수 있는 삶을 지향하며 일이나 생활에 관한 영감과 정보를 나누는 커뮤니티'입니다. 강의나 토론을 바탕으로 하는 여타 커뮤니티와 달리 저희는 '대화'에 주목해서 진행하는 터라, 강의 자료 제작 등의 부담 없이 참여자들과 함께 커피 마시며 대화한다는 생각으로 자리해주셔도 됩니다.

참여자는 대략 13~15명 정도이며
시간은 오전 11시부터 2시간 정도 대화 후 네트워킹으로 진행합니다.
점심 식사는 시간이 되는 분들만 모이며 필수는 아닙니다.

'○○○' 주제로 강의하신다는 소식을 듣고 꼭 모셔서 대화 나누고 싶었습니다. 그래서 용기 내어 문의드려봅니다. 모임에 호스트로 참여해주시면 보내주신 호의에 비해서는 작고 소소하지만 LBCC의 마음을 담은 선물과 커피를 대접해드립니다.

만약 호스트로 참여 가능하시다면, 메일 주소를 전달 부탁드립니다.
LBCC 호스트 가이드 메일을 보내드리겠습니다!

귀한 시간 내어 DM 읽어주셔서 감사합니다!

지금까지는 이렇게 DM을 보냈을 때 긍정적인 결과로 이어진 적이 많았어요(물론 거절도 많았습니다). 솔직하게 이야기한 결과 꽤 많은 호스트를 섭외했습니다. 제안을 담은 콜드DM을 보낼 때 참고하면 좋을 팁이 세 가지 있어요.

1. 커뮤니티 공식 계정 말고 개인 계정을 이용하여 보내세요. 공식 계정으로 보낸 DM이 상대의 '메시지 요청'란에 들어가서 표시되지 않을 수도 있고, 공식 계정의 DM에 반감을 갖고 있는 분들도 많기 때문이에요.
2. 인사말을 먼저 보내세요. 인사에 대한 답장이 오면 그다음에 내용을 순차적으로 보내는 게 좋습니다.
3. '복사+붙여넣기' 하지 마세요. '누가 섭외할 때 멘트를 복붙해?'라고 생각하겠지만 이전에 썼던 멘트를 조금 바꿔서 재활용하는 경우가 굉장히 많아요. 문제는 사람들이 재활용한 멘트라는 것을 곧잘 눈치챈다는 거죠.

호스트 하고 싶다고 연락 오는데 어쩌죠?

모임에 참여했던 사람이 호스트를 해보고 싶다고 연락해 오는 경우가 종종 있어요. 여러분이 만들 커뮤니티에도 분명 있을 거예요. 트레바리, 문토 같은 커뮤니티 플랫폼에서는 대부분 섭외를 통해 모임을 개최해요. 인지도, 책 저자, 다른 곳에서 호스팅 경험이 있는 분 등등 호스트를 섭외하는 저마다의 기준들이 있죠.

LBCC도 기본적으로 섭외를 통해서 호스트를 모시고 있어요. 혹시 호스팅 경험이 없는 멤버가 호스팅을 희망한다면, 미리 준비해둔 가이드 문서를 전달하며 모임 기획 시 호스트의 역할에 대해 기본적인 안내를 드려요. 이 과정을 거쳐 콘텐츠가 구체화되면 모임을 열고, 방향성과 내용이 애매하다면 보강을 요청드립니다. 보통 보강을 요청드리면 절반은 안 하는 쪽으로 결론이 나지만요. 운영진이 호스트 지원자에게 묻고 안내하는 것은 크게 세 가지예요(202쪽에 템플릿을 실어두었으니 호스트 섭외 시 유용히 활용해보세요).

I. 첫 질문: 어떤 콘텐츠를 가지고 계신가요?

대화를 위해서 가장 중요한 건 '어떤 주제를 가지고 이야기할 것인가'일 텐데요. 콘텐츠는 그날 대화 모임에 참여한 모두와 함께 만들어낸다고 해도 그 주제에 대해 가장 많이 아는 건 모임의 호스트겠죠. 그러니 호스트가 대화를 이끌어가는 게 자연스럽고요. 모임을 진행하는 2시간 중, 초반 20~30분은 호스트의 이야기로 시작해요. LBCC는 시각 자료를 지양하므로, 30분 동안 혼자 이야기를 풀어내는 건 쉬운 일이 아니에요. 그렇기에 호스트가 가장 능숙하게 이야기할 수 있는 주제여야 합니다.

그래서 모임 기획의 첫 단계는 "당신은 어떤 콘텐츠를 가지고 계신가요?"라는 질문으로 시작합니다. 가장 쉬운 건 지금 하고 있는 일, 직무와 관련된 콘텐츠입니다. 예를 들어, 지금 담당하는 브랜드의 현재진행형 고민을 주제로 제시한 분도 계셨고, 2n년 동안 덕질을 해온 '전문 분야'가 있는 분은 덕질을 주제로 모임을 열기도 했습니다. 호스트인 본인이 재밌게 대화할 때 참여자들의 눈도 반짝반짝 빛나는 경우를 많이 경험했기 때문에 그런 콘텐츠를 발굴하려 애쓰고 있습니다.

2. Who: 누구를 타깃으로 삼고 있나요?

호스트에게 전달하는 가이드에서 '주제' 다음으로 가장 중요한 것을 꼽으라면 '타깃'입니다. 당일에 누구와 이 이야기를 나누고 싶은지 상상해보는 일인데요. 모임에 있어서 매우 중요한 지점이기 때문에 꼭 우선적으로 고민해보고 가이드에도 적어달라고 안내드리고 있습니다. 타깃이 중요한 이유를 두 가지로 정리해볼 수 있는데요.

- 타깃을 미리 설정하면 호스트가 내용을 구성하는 단계에서 참여자에게 도움이 되는 방향을 고려하기 때문에 흔들림 없이 주제와 내용을 잡아갈 수 있습니다.
- 타이틀은 보통 호스트가 직접 작성하지만, 좀 더 잠재 고객의 흥미를 끌도록 LBCC에서 수정을 제안드리기도 해요. 이때 타깃이 명확할수록 타이틀을 더 날카롭게 만들 수 있더라고요. 호스트의 의도를 충분히 반영할 수 있고요.

이렇게 오픈한 모임에서 예상 타깃이 딱 맞게 신청하고, 모임 후 참여자들이 '큰 도움 되었다'는 후기를 남겨줄 때의 희열이란! 늘 이 순간을 기대하며 모임을 만듭니다.

3. Benefit: 참여 시 호스트에게 줄 수 있는 베네핏

LBCC 호스트들은 대부분 이 커뮤니티에 '기여'해주신 분들이세요. 존경하고 사랑하고 감사할 수밖에 없는 분들이죠. 그 기여의 가치에 비해 저렴한 비용으로 호스팅을 요청드리고 있기에 섭외 초반에 이 부분에 대해 정중히 양해를 드립니다.

사실 모임비로 음료 구매하고 장소 대관하면 섭외비는 커녕 운영자 인건비도 안 남거든요. 호스트에게 30만 원 정도의 섭외비를 드리려면 현실적으로 한 사람당 최소 7만 원은 받아야 하겠더라고요(커뮤니티 모임들이 비싼 이유가 있습니다…).

LBCC는 섭외비 측면에서 호스트님들에게 많은 도움을 받기 때문에 저렴한 모임비로 진행할 수 있어요. 대신 감사의 마음을 담아 5만 원 상당의 작은 선물을 드려요. 이 외에도 LBCC가 호스트에게 제공할 수 있는 베네핏을 분명하게 알려드려요. 멤버 카톡방이나 그 규모 덕에 네트워킹 등 여러 방면에서 도움을 받을 수 있다는 것을요. 우리 커뮤니티의 식구가 되면 얻을 수 있는 것들이 값지게 보일 수 있도록 노력해야죠. 호스트가 소정의 강연료를 요구한다면 모임비를 올려서 모객하고 드리면 되는 일이니까 너무 어렵게 생각하지는 않도록 해요!

Doing Kit

호스트 섭외 시 주제 기획 가이드

호스트가 어떤 모임을 기획할지 미리 정리할 수 있도록 가이드를 제공해보세요.

구분	내용
주제 구체화하기	호스팅 내용이 될 ①본인의 경험, ②노하우, ③대화를 위한 화두를 적어주세요.
모임 참여자 예상하기	• 주제 적합도를 고려해서 모임에 참여할 사람을 예상해보세요. • 모임 참여자의 수요를 구체적으로 적으면 어떤 이야기를 해야 할지 감이 올 거예요.
모임 개요	• 소개: 호스트 및 모임 내용에 대한 간략한 소개 작성 • 내용: 이야기하고자 하는 본론에 따라 넘버링해서 작성해주세요. • 함께 대화할 화두 1: 질문 형태로 적어주세요. • 함께 대화할 화두 2: 질문 형태로 적어주세요.

구분	내용
모임 제목	사람들의 호기심을 자극하고, 참여했을 때 효용을 느낄 수 있는 방향으로 작성해주세요.
일시 및 장소	희망하는 모임 일시 및 장소를 구체적으로 작성해주세요. 장소 예약이 필요할 경우에는 운영진에게 문의해주세요.
소속 표기 안내	호스트의 성명, 소속, 직함을 모객에 사용해도 되는지 알려주세요. *호스트의 동의 없이는 그 어떤 개인정보도 모객에 사용하지 않습니다.
기타 문의 사항	내용 작성 중 궁금한 점은 언제든지 운영진에게 문의해주세요.

더 나은 커뮤니티를 위해 필요한 것

막례쓰 가라사대, 일단 춤추면 장단 맞추고픈 사람들이 모인다!

LBCC라는 사이드 프로젝트를 시작하며 정한 모토는 '일단 저지르고 고쳐나가자!'인데 준원은 '저지르고'를, 소연은 '고쳐나가자'를 맡고 있습니다. 그러나 멋진 점은 저지르는 사람이 계속 저지르기만 하거나 고치는 사람이 계속 고치기만 하는 건 아니라는 사실이에요. 저지르는 사람은 점차 효율적으로 저지르고, 고치는 사람도 점점 용기 내어 저질러보기 시작하는 거죠. 이를 위해선 상호 간 건강한 피드백이 필요해요.

하면 된다? 해보며 계속 보완하면 된다!

파일럿이 끝나고 정식으로 모임을 오픈하고서도 고칠 점이 참 많았습니다. 왜 가게들이 초반에 가오픈 기간을 두는지 알게 됐어요. 운영상 눈에 보이는 문제점은 파일럿 모임을 하며 부지런히 개선했지만, 참여자의 시선에서 보이는 문제점도 있을 거라 판단했기 때문에 정식으로 모임을 오픈한 후에도 신규 멤버를 대상으로 설문 조사를 시행했습니다. 물론 운영 원칙과 기준이 있기 때문에 모든 것을 받아들이지는 않지만, 필요하다고 생각되는 부분은 논의해서 적극 반영하고 있습니다.

이와 관련된 에피소드 하나를 예로 들어볼게요. 처음에는 참여자들이 대부분 지인 기반이었기에 이름표의 유무가 크게 중요하지 않았어요. 지금 생각하면 정말 당연한 건데 간과한 부분이었죠. 회차를 거듭할수록 새롭게 LBCC를 찾아주는 분들이 늘어나고, 서로의 이름과 얼굴을 매칭하기 위해 이름표가 있었으면 좋겠다는 의견을 받고 그다음 모임에 급히 반영하여 이름표를 만들었습니다. 그렇게 만든 첫 이름표는 옷핀으로 달 수 있고 재활용되는 형태였는데, 몇 번 운영하고 나니 또 피드백이 들어왔어요. 옷핀 때문에 옷이 상하는 것에 대한 불편함을 토로하는 의견이었죠. 그래서 바로 스티커로 부착하는 형태로 변경했습니다. 재밌는 점은 이름표를 스티커로 바꾼 후 이것이 인증 수단이 되어 노트에 붙여놓고 인증하는 분들이 생겼다는 거예요. 그냥 이름표를 드렸을 때는 이런 반응이 없었는데 인증 숏이 지인에게 LBCC를 추천하는 홍보 수단이 되기도 했어요.

에피소드를 하나 더 들어볼까요? 회차를 거듭할수록 지인 추천을 통해 찾아오시거나, 인스타그램을 보고 방문해주시는 분들도 생겨났어요. 그런데 참가자 후기를 보니 모임 주제에 대한 관심은 물론이거니와 LBCC라는 모임 자체와 이를 이끌어가는 운영진에 대한 호기심도 상당히 많다는 점을 느낄 수 있었습니다. 모임이 끝나고 네트워킹 자리나 식사 장소로 이동할 때 직접 물어보는 분도 많았고요. 그래서 요즘은 본 대화를 시작하기 전에 꼭 LBCC에 대해서도 간단히 소개합니다.

이 밖에도 진행 순서나 종료 시간을 미리 공지해달라(파워 J들의 외침), 대화 마지막엔 서로 소감을 이야기하면 좋겠다 등등 참여자분들의 다양하고도 유의미한 피드백이 있었어요. 덕분에 2시간이 매우 체계적이고 알차게 채워졌답니다.

피드백을 조금씩 반영하며 어느덧 모임도 100회차를 지났는데, 얼마 전 모임의 호스트님께서 저희에게 "모임이 굉장히 체계적으로 진행되어 놀랐다"라는 이야기를 해주셨어요. 물론 '레이지'버드커피클럽이라는 이름이 기대치를 확 낮춰버린 효과가 있긴 하지만(☺) 체계적이라고 칭찬해주시니 피드백을 열심히 반영한 결실인 것 같아 매우 뿌듯했답니다.

진리의 무물보: 무엇이든 물어봅니다

앞선 내용은 이미 진행하고 있는 모임에 대해 피드백을 받아 반영하는 형태라면, 새로운 아이디어를 시도해보고 싶을 때는 또 다른 피드백 방식을 활용합니다.

준원은 늘 아이디어가 샘솟아서 보따리에 아이디어 구슬이 375개쯤 있어요(☺). 테스트 기간을 거쳐 진행하기에는 너무나 많은 양이죠. 그래서 진행해볼 만한 아이템이 있으면 운영진 둘이 1차 회의를 거친 후 신뢰가 있는 멤버들과의 '1 on 1'을 통해서 검증 아닌 검증을 거쳐요. 이런 점이 커뮤니티의 아주 강력한 매력이라고 생각합니다. 그냥 지나가는 사람들에게 '설문 한 번만 해주세요!'라고 부탁하면 그 정도의 관계에서 나올 수 있는 수준으로 답변하겠지만, 커뮤니티 멤버들에게 물으면 진심을 다해 피드백을 주고 아는 선에서 최선을 다해 답변해줍니다. 그렇다고 해서 좋은 쪽으로만 이야기해주는 건 아니고요. 냉정한 피드백도 많습니다.

자신이 아는 노하우를 덧붙이면서 LBCC가 하는 일이 잘되기를 진심으로 응원해줄 때, 이 커뮤니티 안에서 안전하다는 느낌이 듭니다. 감동을 받은 적이 한두 번이 아니에요. 더불어 멤버들에게도 LBCC가 그런 역할을 해야겠다고 늘 기꺼이 마음먹게 됩니다.

브랜딩 서적이나 아티클을 보면 구루들이 흔히 하는 이야기가 있죠. '브랜드의 근간이 되는 뿌리 집단(fan)을 만들어야 한다.' 커뮤니티를 운영하며 이 말을 절감합니다. 팬이 된다는 건 서로가 기꺼이 연결되겠다는 약속이라고 생각해요. 직접 대면하고 이야기를 나누며 '우리가 함께 시간을 쌓아간다. 서로 좋은 영향을 주고받고, 결국 더 나은 인간이 된다'라는 감각들은 커뮤니티를 더 단단하게 만들어줍니다.

Interview: 브랜드 커뮤니티 매니저 김현정 님

1. 개인적인 모임과 브랜드 커뮤니티의 가장 큰 차이점은 무엇이라고 생각하시나요?

첫 번째는 '소속감의 크기'인데요. 개인적인 모임은 규모가 작고 친목을 기반으로 하기에 소속감보다는 '친밀감'이 더 크죠. 반면 브랜드 커뮤니티는 규모가 큰 울타리 안에서 비슷하면서도 다양한 사람들과 교류하기에 관계는 느슨하지만 소속감을 많이 느끼는 것 같아요. 단지 어떤 커뮤니티 멤버라고만 말했을 뿐인데, 페르소나처럼 그 사람의 관심사나 추구하는 바를 알 수 있는 것처럼요! 또한 브랜드 커뮤니티의 영향력이 커지고 멤버가 한정되면 이미 속해 있는 사람들은 커뮤니티에 특별함을 느끼고 소속감을 더 많이 느끼게 되는 것 같아요.

두 번째는 '수익성'이에요. 브랜드의 커뮤니티를 유지하기 위해선 소속감뿐 아니라 지속적인 교류, 이벤트, 다양한 프로그램으로 멤버들이 느끼는 특별함과 만족감을 높이는 것이 중요한데요. 커뮤니티 개념이 크게 자리잡지

Interviewee
- 前 '오늘의집' 커뮤니티 매니저
- 커뮤니티 멤버와 브랜드의 '동반 성장'을 꿈꾸다!

않았을 때는 브랜딩 성격이 커서 수익 창출보다는 팬덤 형성에 초점이 맞춰졌다면, 최근에는 커뮤니티 규모가 커지고 다양해지면서 멤버들에게 양질의 프로그램을 제공하여 소속감과 만족감을 오래 유지하는 한편, 커뮤니티를 활용한 수익화 모델을 구축하여 운영 자금을 마련하고 나아가 브랜드 수익까지도 만들고자 하는 것 같아요.

2. '오늘의집'에서 운영했던 커뮤니티에 대해 소개해주세요.

저는 오늘의집 커뮤니티인 '오하우스'를 운영했는데요. 다양한 프로그램 중에 광고를 희망하는 브랜드사와 영향력 있는 커뮤니티 멤버들을 연결해주는 협찬 프로그램인 '오리뷰어'를 담당했어요(현재는 더 확장된 개념으로 운영되고 있어요). 자신이 원하는 제품을 협찬받아 체험할 수 있어 만족도가 높은 인기 프로그램이었습니다. 이외에도 멤버 대상으로 진행되는 온라인 클래스인 '오홈클래스', 게이미피케이션으로 플랫폼의 미션을 달성하는 '오늘의기록',

멤버들과 교류할 수 있는 '오메이트' 등 다양한 프로그램을 통해 커뮤니티의 만족도를 높였어요.

3. 브랜드가 커뮤니티를 만들고 운영하는 이유는 무엇이라고 보시나요?

외국 뷰티 브랜드는 특히나 커뮤니티 활성화를 매우 중요하게 생각하며, 멤버들의 소속감을 증진하기 위한 장치가 구체화되어 있는데요. 브랜드들이 커뮤니티를 만들고 운영하는 이유는 팬덤이 형성되고 브랜드 바이럴이 보다 쉬워지기 때문이라고 생각해요. 멤버들과 지속적인 유대관계를 맺으면 커뮤니티를 이끄는 브랜드에 대한 팬심이 커지고, 이들이 브랜드의 제품 또는 서비스를 지인이나 SNS에 소개하여 자연스럽게 바이럴됩니다. 팬덤을 통한 바이럴의 힘을 활용하여 브랜딩뿐 아니라 매출도 창출할 수 있기에 브랜드에서 커뮤니티를 운영하는 것 같아요.

4. 브랜드에서 커뮤니티를 만들 때 가장 심혈을 기울인 부분은 무엇인가요?

커뮤니티는 결국 사람들이 모여서 만들어지기에 멤버들의 만족도를 높이는 것이 가장 중요했어요. 특별한 경험을 주고, 소속감을 느낄 수 있게 하고, 멤버들만 받을 수

> **Check Point**
>
> 커뮤니티는 결국 사람들이 모여서 만들어지기에 멤버들의 만족도를 높이는 것이 가장 중요했어요. 브랜드 안에서 개인도 직접 참여할 수 있는 프로그램을 진행하니 멤버들이 자연스럽게 애정을 갖고 활동을 이어가더라고요.

있는 혜택을 제공하는 데 신경을 많이 썼어요. 또한 단순한 브랜드 정보 제공을 넘어, 멤버들이 직접 참여하고 소통하는 경험을 제공하려고 했고요. 예를 들어 멤버들의 기록을 모아 만든 매거진, 멤버가 여는 이벤트 등 브랜드 안에서 개인도 직접 참여할 수 있는 프로그램을 진행하니 멤버들이 자연스럽게 애정을 갖고 활동을 이어가더라고요. 매월 꽃과 선물을 증정하는 멤버 전용 혜택을 마련하여 특별함을 느낄 수 있도록 노력하기도 했고요.

5. 브랜드의 비전을 커뮤니티와 연결할 때 가장 신경 썼던 부분은 무엇인가요?

브랜드 입장에서는 수익성도 중요한 부분이라, 저희 팀에서 커뮤니티를 운영할 때 운영 비용과 멤버 혜택 사이의 균형을 중요하게 생각했어요. 더 많은 혜택을 제공하기 위해 협찬 광고 매출을 유치하거나 브랜드 콜라보를 통해 무료 혜택을 제공하는 방법을 고민했어요.

하지만 커뮤니티는 기본적으로 수익 창출보다는 브랜딩 활동에 가깝기 때문에 너무 광고 중심으로 운영되면 멤버들의 만족도가 떨어질 수 있어요. 그래서 브랜드 감도와 멀거나 멤버들의 만족도가 낮아질 듯한 협업이나 광고는 최대한 지양하고, 커뮤니티의 본질을 유지하는 데 초점을 맞췄어요.

이런 방향으로 운영하니 브랜드가 멤버를 이용하는 것이 아니라 멤버와 함께 커뮤니티를 만들어간다는 진정성이 멤버들에게도 전해지더라고요. 멤버들이 프로그램 운영 방식에 대한 의견이나 콜라보 아이디어를 제안하는 일도 많아졌어요. 브랜드가 일방적으로 운영하는 게 아니라, 커뮤니티와 함께 성장하는 방향으로 가는 게 중요한 것 같아요.

6. 커뮤니티 구성원 간 유대감과 재방문을 유지하기 위해 어떤 점에 집중하셨나요?

운영자들이 가장 집중한 건 정성적인 케어였어요. 운영진과 멤버와의 커뮤니케이션도 브랜드 응대의 느낌보다는 같은 커뮤니티의 멤버라는 마음으로 톤을 맞추고 소통했고요. 운영진이 직접 라이브 방송을 진행하고, 공통 관심사를 가진 멤버들끼리 연결되도록 돕는 '오메이트' 프로그램을 통해 구성원 간 유대감을 증대시켰어요.

커뮤니티 활동의 만족도가 높아지면 자연스럽게 재방문도 늘어나므로 멤버들의 피드백을 적극 반영하는 게 정말 중요하다고 생각해요. 프로그램이 끝난 후 만족도 조사나 설문 조사를 진행하고, 그 결과를 참고하여 다음 이벤트에 반영했어요. 이렇게 하니까 멤버들도 '내 의견이 반영되는구나'라는 걸 느끼고, 커뮤니티에 대한 애정도 커지더라고요.

7. 커뮤니티 활동 중 가장 기억에 남는 사례가 있다면 무엇인가요?

다양한 사례들이 기억에 남는데요! 라이프스타일 플랫폼의 커뮤니티이다보니 커뮤니티와 함께 인생을 살아가는 분이 많은 느낌이에요. 오하우스의 '오메이트' 프로그램을 통해 취향이 맞는 두 분이 만나 결혼하신 사례가 특히 기억에 남아요. 또 어떤 분은 처음에 자취방 꾸미기부터 시작해서 신혼집을 만들고, 이후에는 육아하는 과정을 커뮤니티와 함께하셨어요.

이런 분들은 커뮤니티를 단순한 혜택을 받는 공간이 아니라 자신의 삶을 기록하고 돌아보는 공간으로 생각하시더라고요. 커뮤니티를 통해 인생의 변화들을 기록하고 추억할 수 있어서 좋았다는 이야기를 들을 때마다 커뮤니티가 단순한 브랜드 마케팅 도구가 아니라 사람들에게 진짜 의미 있는 공간이 될 수 있구나 싶었어요. 이 부분이 정말 인상 깊었어요.

8. 브랜드 커뮤니티의 성장을 위해 가장 중요한 요소는 무엇일까요?

결국 '동반 성장' 아닐까요? 단순히 커뮤니티만 성장하는 게 아니라 멤버들도 그 안에서 의미 있는 활동을 하고 보람과 성취를 얻을 수 있어야 지속적으로 성장할 수 있다고 생각해요. 커뮤니티에서만 할 수 있는 특별한 경험을 제공하는 것도 중요하고요. 예를 들면 브랜드와 협업한 한정 이벤트나, 멤버들이 직접 참여하는 빙고 챌린지, 멤버들의 기록이 담긴 매거진 제작, 취향과 거주지를 고려한 오메이트를 통해 오프라인에서 직접 만나기 등 다양한 프로그램을 통해 유대감을 형성하고, 이런 활동들이 쌓이면서 단순한 커뮤니티가 아니라 '함께 성장하는 공간'이 된 것 같아요.

> **Check Point**
> 커뮤니티를 통해 인생의 변화들을 기록하고 추억할 수 있어서 좋았다는 이야기를 들을 때마다 커뮤니티가 단순한 브랜드 마케팅 도구가 아니라 사람들에게 진짜 의미 있는 공간이 될 수 있구나 싶었어요.

9. 브랜드가 커뮤니티를 만들 때 꼭 유의해야 할 점은 무엇인가요?

단순히 수익성만 보고 커뮤니티를 만드는 것은 위험하다고 생각해요. 커뮤니티는 브랜드의 수익 창출 도구가 아니라 구성원과 브랜드가 함께 만들어가는 것이기 때문이에요. 커뮤니티를 광고나 협찬 중심으로만 운영하면 결국 멤버들은 '우리를 그냥 소비자로만 보는구나'라고 느끼게 되죠. 그렇기 때문에 멤버들을 대하는 진정성이 무엇보다 중요합니다. 브랜드가 먼저 멤버들에게 가치를 제공하고 진짜로 그들과 소통하려는 태도여야 신뢰가 쌓이고 자연스럽게 브랜드에 대한 애정도 높아지고, 장기적으로는 커뮤니티도 건강하게 성장할 수 있다고 생각해요.

ロロロ
ラベ

모임의 기술,

그 다섯 번째

And Next?

지속 가능한 모임을 위하여

100번의 모임을 하며,
2,000명의 사람들을 만났습니다.
처음 사이드 프로젝트를 시작할 때만 해도
이렇게 의미 있는 대화를 이어나갈 수
있을 줄 몰랐어요.
느긋하게 연결되고
성장하는 즐거움을 오래 이어가기!
LBCC의 작은 도전입니다.

2년 넘게 계속하며 알게 된 커뮤니티의 '맛'
묘사하기 어렵고 해봐야만 아는 중독적인 맛이 있습니다

파일럿 기간을 제외하면 LBCC를 만들고 운영해온 지가 2년하고도 6개월을 넘겼어요(2025년 5월 기준). LBCC는 지금껏 해낸 그 어떤 것과도 전혀 다른 결과물이란 생각이 들어요. 판매하기 위한 아이템이나 서비스를 만드는 것과는 또 다른 맛이 있습니다. 모임을 수없이 거듭하며 짠맛, 쓴맛, 매운맛 그리고 단맛까지 경험했는데요. 그 과정을 통해 형성된 커뮤니티는 단순한 모임 이상의 의미를 가지게 되었어요. 경험한 것 중 버릴 맛은 없기에, 커뮤니티 빌딩 그리고 커뮤니티 비즈니스에 대한 LBCC의 고민을 공유해볼게요. 여러분도 사이드 프로젝트로 커뮤니티를 만들고 싶다면 이 내용을 읽고 함께 고민해보세요.

짠맛: 커뮤니티로 먹고살기가 쉽지 않은 이유

일단 커뮤니티로 '돈'을 벌고 싶어 이 책을 펼친 분들은 진지하게 다시 생각해보길 권해요. 세상 살면서 돈 벌기란 참으로 쉽지 않지만, 커뮤니티로 돈 버는 것은 더욱 쉽지 않거든요. LBCC는 주말마다 모임을 열어서 돈을 꽤 버는 것 같지만… 사실 운영진 인건비를 고려하지 않기 때문에 운영 가능해요. 그렇게 생각하면 오히려 돈을 못 버는 쪽에 가깝죠. 주요 수입원은 모임비인데 모임비가 높으면 참여자들의 부담이 커져요. 모임비를 무한정 높일 수는 없으니 모임을 늘려야 하는 상황이 생기고요. 하고 싶은 것을 줄이고 아껴서 자원을 효율적으로 운용해야 하는… 짠내의 연속이랄까요.

이런 부분에서 커뮤니티가 비즈니스 방향으로 활성화되기 위해서는 커뮤니티의 아이덴티티와 지향을 공유하는 모더레이터 및 호스트가 많아야 합니다. 모더레이터는 단순히 규칙을 관리하는 역할을 넘어 커뮤니티의 분위기와 방향성을 잡아주는 중요한 존재예요. 좋은 사람을 모으는 일이 더 중요했던 과거에는 모더레이터는 준원 혼자로도 충분한 듯했지만, 모임 수요가 많아지다보니 준원만큼 진행할 수 있는 모더레이터가 많이 필요하겠다는 생각에 이르렀어요.

다만 문제가 있었죠. LBCC를 만들었던 본래의 이유는 좋은 사람들을 만나고 모으기 위해서였는데, 모임을 확장할수록 처음의 취지와는 멀어지는 딜레마가 생긴다는 거예요. 그래서 모임을 구분하기로 했어요. 정규 모임은 기존처럼 운영진이 참여하고, LBCC 멤버 중 호스트를 경험해본 멤버들을 주축으로 한 테마 모임을 추가로 만들었습니다. 같은 신념을 가진 좋은 사람들에게 기회를 주고 LBCC에 소속감도 느낄 수 있는 모임으로 넓혀간 거죠.

이것이 앞서 말한 'LBCC 셀렉트'를 론칭한 이유입니다. 2024년 초에 구상하고 같은 해 10월부터 모집해서 시즌1을 끝냈어요. 2025년에 시즌2 모임을 열었고, 2026년까지 50개로 늘릴 계획이에요. 이 과정에서 커뮤니티의 코어 멤버들이 생길 거라 생각해요. LBCC에서 모임으로 사람들을 어느 정도까지 모을 수 있을지 늘 궁금했는데 이 테마 모임을 통해 가늠해볼 수 있을 것 같습니다.

정규 모임은 정규 모임대로 운영하되, 향후에는 셀렉트 모임과 연계될 수 있도록 구조화하면 좋겠다는 생각을 하고 있어요. 잘될지는 해봐야 알 수 있으니 언제나처럼 실험을 해볼 거예요. 맞다면 진격을, 틀린 방향이라면 빠르게 피벗할 계획입니다. 무조건 빠름을 추구하는 것이 아니라 여유를 갖고 검증하면서 대응하고 실행하기, 어쩌면 이것이 LBCC의 장점이 아닐까 생각해요!

쓴맛: 모임에 늘 좋은 사람만 오는 것은 아니다

사람을 모으는 일을 하면 정말 다양한 사람을 만날 수 있다는 장점이 있어요. 단점은 정말 다양한 사람을 만난다는 것이죠☺. 다른 모임에 비하면 많지 않았고 앞으로도 많지 않기를 바라지만, 사람들이 모이는 커뮤니티를 운영하면서 맛보는 쓴맛이란 결국 '사람'에게서 비롯되고 '사람'으로 귀결될 겁니다.

일단 모임에서 당면하는 표면적인 문제는 '빌런'의 등

장, 커뮤니티에서는 '파벌의 생성'인 것 같아요. 그리고 이면적인 문제란 결국 제멋대로 사람에게 기대하고 실망하는 거죠. 사람은 한 번 만나봐서는 알 수 없어요. 시간을 들여 계속 천천히 보아야 그나마 알 수 있죠. 주변의 이야기를 들어보면 주로 섣부른 믿음과 그로 인한 오해가 쌓여 커뮤니티가 와해된 경우가 많았어요. 조심해야죠.

다행히 LBCC를 만들고 운영하면서 (앞선 에피소드에서 언급했듯 모임의 허들을 둔 덕분이지) 빌런을 많이 만나지는 않았어요. 2년 넘는 기간 동안 빌런을 만난 적은 한 손에 꼽을 정도니까요. 정말 운이 좋았다고 생각해요. 한편으로는 모임 기획자라면 빌런을 어떻게 막을 수 있을지, 즉 '필터링'을 늘 고민해야 하는 것 같아요. 숙명이랄까요.

빌런을 만나지 않기를 바라면서, 동시에 스스로 빌런이 되지 않도록 주의하는 것도 중요합니다. 모임에서 만나 커뮤니티에서 오랫동안 보고 교류하는 사이가 되면 반가울 수밖에 없죠. 하지만 처음 합류하는 이에게 타인들의 이런 친분이 장벽처럼 느껴질 수 있어요. 신규 회원이 없다면 커뮤니티는 고일 수밖에 없습니다. 오래된 이들을 환대하고, 새로 온 분들에게는 환대와 함께 더 섬세한 커뮤니케이션이 필요하죠. 사람들은 누구를 더 반가워하고 덜 반가워하는지 아주 잘 알아채요. 나를 반기지 않거나 덜 반기는 커뮤니티에 정착할 민들레 홀씨는 별로 없답니다. 그러므로 친하다고 뭔가 특혜를 주는 행위는 절대 금물! 커뮤니티의 그라운드룰을 설정한 운영진이 이를 스스로 어기는 행위는 커뮤니티의 신뢰와 직결되는 문제이니까요.

이 두 가지가 표면적인 쓴맛이라면, 사람들이 잘 알지 못하는 깊은 쓴맛이 하나 더 있어요. 바로 '관계'에서 오는 피로와 우려예요. LBCC는 느슨한 관계를 지향해요. 너무 끈끈하지도, 너무 헐렁하지도 않은 딱 좋은 관계성을 유지하기 위해 노력하죠. 대다수의 커뮤니티가 이런 '느슨한 연대'를 내걸고 모임을 만들고 운영합니다. 하지만 제대로 지키는 커뮤니티는 보기 어려웠던 것 같아요. 왠지 쿨해 보이고 요즘 사람들이 좋아하니까 내세운 캐치프레이즈 같달까요.

여러분은 느슨한 연대가 뭐라고 생각하세요? 5초만 생

각해볼까요?

 느슨한 관계란 '서로 세심해서 선을 넘지 않도록 주의할 줄 아는 사이'라고 생각해요. 가족, 친구, 직장 동료에게는 말하기 애매해서 혼자서만 생각하게 되는 이슈를 가볍게 이야기할 수 있으며, 듣고 싶지 않은 조언을 섣불리 내밀기보다 고민에 공감하는 관계. 이 정도가 LBCC가 생각하는 느슨한 거리감이에요.

 사실 새삼스러운 것은 아닙니다. 아마도 많은 분이 '느슨한 연대'라는 개념을 쇼펜하우어의 '고슴도치 딜레마'로 알고 있을 거예요. 간단히 설명하자면 고슴도치들은 추운 날씨에 서로의 체온을 나누기 위해 가까이 다가가지만, 너무 가까워지면 서로의 가시에 찔리게 됩니다. 커뮤니티에서도 마찬가지로 일정한 거리를 유지하며 관계를 형성하는 것이 상처를 줄일 수 있는 방법이라는 거예요. 너무 가깝지도 멀지도 않은 적절한 관계가 서로 정말 원하고 필요한 연대 아닐까 싶기도 해요.

 문제는 커뮤니티란 이런 느슨한 연대감을 유지하면서도 사람들이 교류하고 애착을 가지도록 어느 정도는 관계성이 있어야 한다는 거죠. 여기서 난이도가 올라가요. 적 징한 거리를 둔다는 게 생각보다 에너지 소모가 큰 일이거든요. 만족시키기는 어렵지만 실망시키기는 쉬운 게 인간관계니까요. 우스갯소리지만 종종 '나는 NPC°인가?' 하는 생각이 들기도 하죠. 그럼에도 운영자 위주의 파벌이 생기지 않도록 늘 주의하는 태도는 필요하다고 생각해요. 그러고 보니 건강한 커뮤니티를 만들기 위해 다른 빌더님들은 어떤 기준을 갖고 모임을 만드는지 궁금하네요. 이 주제로도 모임을 만들어봐야겠습니다(못 말리죠?).

단맛: 그럼에도 계속하는 이유

사이드 프로젝트로서 커뮤니티를 운영하며 맛보는 단맛은 크게 세 가지예요.

첫 번째는 하고 싶은 일을 통해 얻는 '성취감'입니다. 원하는 결과를 만들어나가며 성장하는 과정에서 오는 만족감은 무엇과도 바꿀 수 없죠. 사실 본업에서 의미를 찾지 못해 사이드 프로젝트를 하는 경우라면 이 성취감 하나만 보고 활동해도 괜찮다고 생각합니다.

°*non-player character*의 줄임말로, 게임 내에서 사용자를 돕지만 게임에 참여하지는 않고 운영에 도움을 주는 캐릭터

두 번째는 '인연'입니다. 모임과 커뮤니티를 통해 정말 많은 사람을 만나 세상을 보는 눈이 달라졌거든요. 커뮤니티를 통한 휴민트 확장은 커뮤니티 운영의 가장 큰 자산이기도 합니다.

마지막 세 번째는 여러분이 가장 궁금해하실 듯하며 가장 어려운 부분인 '금전적 보상 또는 새로운 기회'입니다. 비록 작을지라도 노력에 대한 대가로 얻는 금전적 보상은 프로젝트에 대한 동기를 강화하고, 때로는 새로운 기회의 문을 열어줍니다. 달콤하죠.

하지만 커뮤니티에서 수익화를 시도할 때에는 정말 많은 고민이 필요한 것 같습니다. 오해할까 봐 미리 말씀드리지만, 수익화는 나쁜 것이 아니에요. 커뮤니티를 운영하고 유지하기 위해서는 돈을 벌어야 합니다. 운영진의 희생을 토대로 한 자선 사업은 오래 지속하기가 어려워요. 좋아하는 일을 하고 싶다면 그 일로 돈을 벌 수 있는 구조를 만들어야 합니다.

그런데 그 전에 거쳐야 할 과정이 있어요. 커뮤니티 운영자라면 이 프로젝트가 정말 돈을 받을 만한 가치가 있는지 한 번쯤은 진지하게 고민해야 해요. 돈을 받기 전에 프로젝트가 충분히 완성도 있고 참여한 사람들에게 가치를 제공하는지 스스로 평가하는 것이 중요합니다. 자신이 운영하고 있는 커뮤니티 혹은 프로젝트의 가치와 품질에 대한 고민이 부족하면 수익화는 오히려 프로젝트의 본질을 흐릴 수 있습니다.

자, 고민을 거쳐 프로젝트에 충분한 가치가 있다고 판단된다면? 이제 적절한 가격을 책정하는 과정이 필요하겠죠. 커뮤니티 회원들의 피드백이 중요한 역할을 할 수 있습니다. 회원들의 의견을 적극적으로 반영해 그들의 기대와 필요를 충족하는 가격을 책정한다면 커뮤니티 운영과 수익화가 자연스럽게 이어질 거예요. LBCC가 멤버들의 요청으로 모임비를 받기 시작한 것처럼요.

커뮤니티를 운영하며 수익화라는 과실의 단맛을 보려면 수요에 맞춰서 가격을 조정하고, 어떤 부분에 가치를 매겨야 하는지 등 다방면으로 고민이 필요합니다. 어쩌면 이렇게 많이 고민하고 실천하며 바꿔나갔기 때문에 수익화의 열매가 크지는 않아도 꽤 달콤한 것일지도 모르겠습니다. 옛말마따나 고진감래인 거죠.

지속하려면 모멘텀이 필요해
시작은 쉽다, 지속하는 게 어렵지

요즘처럼 시작하기 쉽고 그만큼 빨리 접기도 쉬운 시대가 있나 싶어요. 스타트업에서는 빠른 피벗이 유행이라지만, 피벗 전에 '할 수 있는 만큼 해보았는지' 생각해보는 건 다른 문제라고들 하더라고요. 예전에는 좋은 아이디어를 내고 시작하는 능력만이 재능이라 생각했는데, 지속하는 것도 또 다른 영역의 재능 같아요. 시작하는 에너지와 지속하는 에너지는 엄연히 다르니까요.

LBCC를 2년 넘게 계속해오고 있어요. 이렇게 꾸준히 모임을 만들어온 비결을 생각해보면 '그냥 하는 거지 뭐' 정신 덕분이라 요약할 수 있겠어요. 사실 지속한다는 건 곁에 언제나 권태의 늪이 도사리고 있는 일이기도 해요. 특히, 성장이 정체된 느낌이 들 때 우려가 컸어요. 지금이야 눈덩이 효과 덕분에 인스타그램 계정의 팔로워가 지속적으로 증가하고, 모임 신청자 수도 안정적으로 늘고 있지만 프로젝트 초반에는 그렇지 않았거든요. 그럼에도 어떻게 LBCC를 지속할 수 있었는지 돌이켜보자면, 한 번씩 의욕을 얻었던 '점프의 계기'가 있었기 때문이라고 답합니다. 우연일 수도 있고, LBCC가 만들어낸 걸 수도 있어요. 어쨌든 '그저 하다보니' 기회가 찾아왔고 그 기회를 이어가면서 현재의 모습이 만들어졌다고 생각해요.

 2년의 성장 과정 중 지속할 수 있는 모멘텀°으로 남은 에피소드로 여섯 가지가 떠오릅니다. 시간 순서대로 읊어볼게요.

° **어떤 일이 추진력을 얻어 계속해서 나아가는 힘이나 동력**

1. 주말토리 뉴스레터에 소개

어려운 용어로는 리퍼럴 마케팅이라고도 하죠. 주말토리(당시엔 리뉴얼 전 이름인 '주말랭이'였죠!) 발행인인 황엄지 대표님이 호스트를 맡아주셨을 때, LBCC를 추천하는 내용이 뉴스레터에 공유된 적이 있어요.

작고 귀여웠던 LBCC에게 주말토리에 언급된 일은 스케일업이라고 표현할 수 있을 정도로 크게 성장한 경험이었습니다. 그때 LBCC의 인스타그램 팔로워는 800명대였는데 일주일 만에 1,300명까지 늘었어요. 실제로 뉴스레터에서 보고 왔다는 참여자도 다수 있었고요. 좋아하는 매체에 광고가 아닌 콘텐츠로 소개되었기에 사람들이 반응한 것이죠. 그들이 LBCC로 유입되고 실제 참여로까지 이어진 경험은 귀한 배움을 주었습니다. '추천'의 힘을 느꼈다고나 할까요? 누군가가 인증하고 알려주는 것만으로도 많은 반응이 나온다는 게 신기했어요. 마케팅 콘텐츠 만드는 일을 하고 있지만, 온라인에서 오프라인으로 동원력을 만들어내는 건 새로운 경험이었어요.

성장이 곧 나의 기쁨! 주말에도 자기계발 하는 갓생 랭랭이를 위한 놀 거리를 요청 받았어. 얼마 전 몽자가 직접 경험한 모임, 레이지버드커피클럽(LBCC)을 소개할게. 이 모임은 주말 오전에 모여 건설적인 대화를 나누고 깔끔하게 헤어지는 커피챗이야. "온라인에 정보가 많아질수록 우리가 필요한 정보는 없다. 진짜 정보는 사람들 입에서 나오는 정보"라는 취지로 만들어졌어. 매주 주말 오전 각 업계에서 뼈가 굵은 성장러들과 브랜딩, 이직, 마케팅 등 다양한 주제로 인사이트를 나누는 방식이야. 가격은 무료이고, 서울과 부산 2곳에서 운영 중이지. 지난 4월 매거진B 에디터 세션에 직접 참여했는데 아직도 기억에 남을 만큼 좋았어. 부산 모임은 여기서 확인하랭 (6월 11일, 몽자가 호스트가 되어 사이드잡에서 본업까지..를 펼칠 예정이니 많관부랭🐻)

주말토리(구 주말랭이) 뉴스레터에 소개된 *LBCC*

2. 추천이 MGM 마케팅이 된 건에 대하여

어려운 말로 시작해서 많이 놀랐죠? MGM 마케팅이란 'Members Get Members Marketing'의 줄임말이에요. 기존 멤버가 새로운 멤버를 불러온다는 판매 촉진 방식이에요. 낮춰서 '다단계'라고들 하죠(물론 LBCC가 멤버를 데려오라고 강요하는 건 절대 아니에요! 그런 적도 없고, 앞으로도 그럴 일은 없답니다). 다양한 주제로 대화 모임을 이끌어가다보니, 다양한 분야의 호스트들과 접점이 생겼어요. 그 분야에 관심 있는 사람들과도요. LBCC 신청 이유를 보면 지인 추천으로 신청했다는 분들이 꽤 많아요. 모임을 이끌었던 호스트들의 긍정적인 경험, 모임에 참여했던 멤버들의 만족스러운 경험이 자연스럽게 주변에 가닿은 모양이에요. 이렇게 참여했던 이들의 추천 덕분에 LBCC 모임 신청자가 지금처럼 많아진 게 아닐까 싶어요.

3. 다양한 협업 러브콜

협업은 확실히 모멘텀이 된다는 걸 제휴를 통해 알게 됐어요. 제휴란 상호 간 품앗이하는 느낌이더라고요. 그리고 비슷한 가치를 공유한다는 이미지를 주기에 결이 맞는 곳과의 협업이나 제휴는 LBCC 브랜드 각인에 도움이 된다는 걸 알았어요.

첫 제휴가 어떻게 들어왔는지 궁금하실 것 같은데, 이

역시 멤버의 소개로 이루어졌어요. '사이드 프로젝트'에 대한 모임을 진행하며 알게 된 멤버가 공간 기획자였고, LBCC와 결이 잘 맞을 것 같다며 워크라운지를 운영하는 브랜드 'FITZZA(핏자)' 대표님을 소개해주었거든요. 대단한 일은 갑자기 요란하게 생기지 않고 차근차근 하나씩 다가오는 것 같아요. 이후에는 협업 러브콜도 왔고 초대, 책 협찬 등 다양한 제안이 오고 있어요.

공간이나 프로젝트 제휴는 '브랜드의 플레이'인데, 이전에는 거의 다 받았다면 현재는 정말 결이 잘 맞거나 의의가 맞는 곳들과만 협업하고 있어요. 공간 협업에 대한 얘기는 249쪽에서 자세히 다뤄볼게요.

4. 정규 모임 유료화부터 모임 다각화까지

모임비를 받게 된 것과 모임의 형태 다각화도 LBCC 운영의 큰 모멘텀이었어요. 앞에서 말씀드렸던 것처럼 운영 7개월 차까지는 모임비를 받지 않았어요. 전략적 의도가 있었던 것은 아니고 '대화하는 데 본인 커피값만 있으면 되지 뭐, 강의도 아니고…'란 생각 때문이었어요. 그런데 갈수록 운영에 공이 많이 들어가는 거예요. 일주일에 3시간 정도만 투자해서 해보자고 한 일이었는데 이제 일상의 꽤 많은 부분을 차지하게 됐어요. 하지만 즐거워서 계속했죠. 그러던 중에 멤버 몇몇 분이 왜 LBCC는 돈을 받지 않느냐고 물어보셨어요. 오히려 고객이 왜 돈을 받지 않는지 따지며(?) 수익화하라고 하시는 거예요. 이렇게 좋은 모임을 지속하기 위해서는 수익화가 필요하다고 꼭 돈을 받으라고 당부하시더라고요.

당황스럽지만 기뻤어요. LBCC가 돈을 받을 정도로 성장했다는 생각이 들었거든요. 오래 하려면 돈을 벌어야 하는 현실에 공감하기도 했고요. 그래서 사이드 프로젝트로 시작한 LBCC는 이제 정규 모임비를 받고 있어요. 인건비를 충당할 수 있는 정도는 아니지만 조금 더 나은 모임 장소를 빌릴 수 있게 되었죠. 돈이라는 게 아주 좋은 허들이고 허들을 적절히 이용하면 모임을 더 잘 운영할 수 있다는 생각을 하게 된 계기이기도 했습니다.

모임비를 받으면서 실험하고자 시작한 게 모임 다각화였어요. 주말 오전에 열리는 정규 모임 외에 여러 '파생 모임'을 열었습니다. 머니 클럽, 모닝 글쓰기 클럽, 느슨한 목표 달성 클럽 등에서는 정규 모임보다는 높은 참가비를 받고 무료 모임에서 시행하지 못했던 것들을 시도했어요. 다양한 모임을 통해 LBCC가 흥미로운 기획을 시도하는 곳으로 확장되기를 바라는 마음이었죠.

  LBCC는 돈이나 글쓰기, 목표 달성 같은 흔하고 고루한 키워드를 살짝 틀어 모임을 열었어요. 머니 클럽은 '어떻게 하면 돈을 많이 버는가?'라는 질문 말고 '부자가 되려는 이유는 무엇이고, 얼마를 벌어야 부자라고 생각하는가?'라는 질문을 던졌어요. 돈을 막연한 탐욕의 대상이 아닌 구체적인 목표로 삼는 계기를 만들고자 했죠. 느슨한 목표 달성 클럽은 너무 과열되지 말고 80%만 달성해도 보증금을 돌려주는 정책으로 '쉬엄쉬엄해도 일상에서 얻을 수 있는 성취감'에 포커싱 했어요. 모닝 글쓰기 클럽의 전신은 준원의 첫 책 마감을 위해 시작된 'Check 쓰기 클럽'이었어요(LBCC에서 기획한 모임 중 가장 독한 모임이었죠). 이 모임 덕분에 준원은 첫 책을 무사히 출간했고, 이후에는 미라클 모닝과 결합해 오전 7시에 줌으로 모여 글을 쓰는 모닝 글쓰기 클럽으로 발전되었습니다. 지금까지도 활발히 운영되고 있고요.

모임을 다각화하면서 다양한 수익 활동이 가능해졌어요. 규모가 크지는 않지만 직접 만든 모임을 운영하며 돈을 벌게 되었다는 사실은 신선하고 뿌듯하더라고요. 책임감도 생겼고요. 또한 다각화를 통해서 LBCC 정규 모임이 아닌 파생 모임에 대한 수요를 알게 된 것도 좋은 소득이었어요. 다양한 모임을 알리고 소통하는 과정에서 인스타그램 채널 규모는 더 커졌고, 제휴 문의도 지속적으로 늘더라고요.

5. 신규 참여자들의 알찬 피드백

LBCC는 모임이 끝난 후 신규 참여자들에게 피드백을 요청해요. 그렇게 얻은 피드백에서 브랜딩에 모멘텀이 될 만한 힌트를 얻기도 하고요. LBCC의 매력에 대해 참여자 입장에서 쓴 워딩을 많이 수집했어요. 예컨대 '안전한 대화 지대를 만들어가고 있다'라는 피드백 덕분에 LBCC가 만들어가는 이 모임이 제대로 된 역할을 수행하고 있다는 뿌듯함을 느꼈죠. 이후 LBCC의 대화 방향을 소개할 때 종종 이 표현을 사용해요. 고객에게 닿은 LBCC의 콘텐츠가 LBCC에게 다시 와닿은 결과라고나 할까요?

아, 그러고 보니 기존 참여자에게는 설문을 받지 않는 이유가 궁금하실 것 같기도 하네요. 모임에 올 때마다 매번 설문을 작성하는 것은 사실 굉장히 번거로운 일이에요. 또한 첫 리뷰를 작성할 때는 직관에 따른 솔직한 의견이 나오지만, 두 번째부터는 안면을 튼 사이라 관계를 이어가기 위해 좋은 리뷰를 쓸 확률이 높습니다. 어차피 첫 방문에서 긍정적인 리뷰를 쓴 사람은 재방문하고, 결국 멤버로까지 이어지더라고요. 그래서 굳이 매번 피드백 받을 필요는 없음을 깨달았어요.

6. 릴스 콘텐츠

LBCC의 메인 소통 채널은 인스타그램이에요. 운영진 둘 다 콘텐츠 마케팅 경력이 있기 때문에, 인스타그램 플랫폼에 대한 이해를 바탕으로 콘텐츠를 만들고자 노력했어요. 그중 인스타그램 릴스를 지속적으로 만든 것이 팔로워 모집에 큰 도움이 되었죠. 인스타그램의 릴스 우선 노출 정책 덕분에 LBCC 모임 인사이트를 릴스로 소개했을 때 노출 빈도가 더 높아지고 팔로워 전환율도 높더라고요.

하지만 영상 제작에는 시간과 노력이 많이 들기에 요새는 메모장 템플릿으로 모임 리뷰 콘텐츠를 만들고 있어요. 이전보다 리뷰 콘텐츠에 들어가는 품은 줄었지만, 확실히 릴스로 만들 때보다는 확산이 적은 게 체감되더라고요. 역체감이라고나 할까요?

인사이트 콘텐츠는 잠재적 참여자에게 모임의 맛보기 역할을 하기에, 새로운 사람들을 꾸준히 모집하기 위해 필수적입니다. 어떤 콘텐츠를 만들지 고민하고 있다면 뻔하다고 그냥 지나치지 말고 릴스로 만들어보세요. 주력 플랫폼의 알고리즘 우대 정책을 눈여겨보며 시도하는 게 중요합니다.

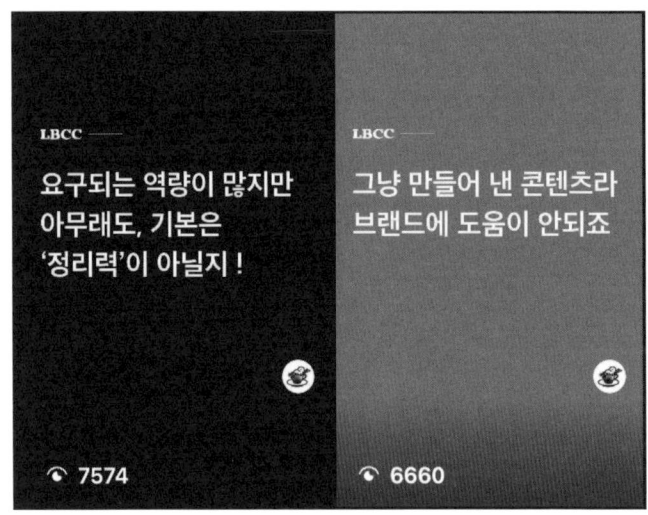

LBCC 모임 인사이트를 릴스로 업로드했을 때 확실히 확산에 유리하더라고요!

팔로워에 일희일비 금지

채널 성장에 일일이 환호할 필요 없다

(이 글은 준원의 시점에서 쓰였습니다)

일희일비하지 말라고는 하지만, 하지 말라고 하면 더 하게 되는 게 인간의 간사한 마음 아닐까요? 저 또한 일희일비하지 말자고 다짐했지만 LBCC의 인스타그램 팔로워가 증가하면 덩달아 들뜨고, 예상보다 늘지 않으면 답답했음을 고백합니다. 왜 이렇게 인스타그램 팔로워 수에 목을 매는지 곰곰이 생각해보니, 바로 이것이 성장을 직관적이고 정량적으로 보여주는 지표이기 때문이더라고요. 채널은 메시지를 전달하는 수단임을 잘 알고 있는데도 사람을 꽤 집착하게 만드는 것 같습니다. 소연에게 팔로워가 잘 모이는 콘텐츠에 광고를 돌려보자고 말할 때마다 듣는 소리가 있었어요.

"아니, 팔로워 많이 모아서 뭐 하려고?"

계정이 커지면 좋은 거 아닌가?

계정이 커지면 인지도가 높아지고 성장하는 듯한 기분입니다. 심지어 인스타그램 팔로워 모으기는 재미있습니다. LBCC 팔로워가 작고 귀여운 숫자인 2,000을 넘겼을 때 저는 너무 기분이 좋아서 이걸 캡처해서 스토리에 인증하려고 했어요. 그때 소연이 그러더군요.

"LBCC 팔로워가 늘어나는 것은 준원에게만 기쁜 일이야. 사람들은 관심 없고, 게다가 일희일비하는 게 너무 티나게 보여. 팔로워 수를 성장의 마일스톤으로 잡는 것은 좋지만 달성할 때마다 인증하지는 않는 게 좋을 것 같아. 그래야 우리도 연연하지 않을 테니까."

우리는 LBCC 활동에 앞서 카페 리뷰 인스타그램 계정을 키운 적 있는데, 그때 얻은 교훈이 있었어요. 팔로워 확보에 혈안이 되면 금방 질린다는 것, 인기에 영합하다보면 고유의 색을 잃기 쉽다는 것이요. 팔로워가 많으면 좋은 커뮤니티일까요? 생각해보면 그렇지는 않은 것 같아요. 커뮤니티 빌더가 인플루언서라 팔로워 수는 많지만 커뮤니티 평판은 안 좋은 경우가 있었거든요. 무작정 팔로워가 많은 것보다 '정말 관심이 있어서 지켜보겠다'는 분들이 팔로우하는 것이 중요하다고 생각해요.

인스타그램 계정은 LBCC의 소식을 알리는 창구이고 모임에 참여하고 싶은 사람들이 늘면 자연스레 계정이 성장하기에 '팔로워 늘리기'만을 위해 조급할 필요는 없었어요. 그런데 재미있게도 조급하게 이것저것 시도하지 않았더니 LBCC 콘텐츠의 '결'이 생겼고, 팬들에게 인지할 시간을 충분히 주었더니 오히려 팔로워가 순증했어요. LBCC 인스타그램 계정에 새로운 게시물을 올리면 팔로워 수가 일주일 평균 100 정도 늘어나는 등 지속적으로 증가하고 있어요(백 단위로 성장할 때마다 흐뭇합니다. 그래서 캡처해서 간직한답니다. 마치 아기의 성장 사진을 모으는 느낌?).

팔로워를 모으는 방법 이전에, 팔로우 이유를 알아야

 사람들은 '편익'에 따라 선택하고 움직입니다. 편익이란 지불한 비용 대비 얻게 되는 만족감을 말하며 편익이 큰 아이템은 구매로 이어지죠. 사람들이 커뮤니티를 찾는 이유는 저마다 다르겠지만 큰 맥락에서 보면 타인을 알고 싶고, 그들과 이야기(경험)를 공유하고 싶어서라고 생각해요. LBCC에는 대화 주제가 정해져 있으니, 해당 주제에 대한 정보를 원하는 것이죠. 편익이 큰 모임과 정보가 올라온다면 지속적으로 커뮤니티에 참여하고 싶은 마음이 들 테고, 앞으로도 계속 모임 소식을 받아 보기 위해 팔로우를 하겠죠.

 원하는 정보를 공유하는 모임이 제공된다는 점에서 커뮤니티에는 콘텐츠 플랫폼의 특성이 있는 것 같기도 해요. 그런데 여기서 대부분의 커뮤니티가 범하는 문제가 있습니다. 팔로워를 모집하기 위해 커뮤니티에서 일방향적으로 정보를 공유하다보면, 모임 참여에 관심 있는 사람들과 함께 콘텐츠만 필요로 하는 사람들도 모여요.

 정보 공급 채널에게 팔로워란 마치 어미 새에게 아기 새 같은 존재예요. 계속 먹이를 제공해야 하죠. 팔로워에 대한 비용이랄까요…? 우리는 팔로우를 대가로 한 상호 작용이 독이라고 생각해요. 공급자는 팔로워를 모으기 위해 콘텐츠를 제공하느라 지쳐가고, 팔로워들은 지속적인 인사이트를 원하는데 주어지는 정보가 만족스럽지 않으면 쉽게 이탈할 테니까요. 커뮤니티 또한 콘텐츠를 공급하는 채널이기에 매거진의 성격을 띠기도 하지만, 콘텐츠를 오프라인 참여 독려를 위한 넛지° 수단으로서만 활용한다는 점에서 차이가 있어요. 팔로워들에게 무언가를 주어야 한다는 부담감에서 자유롭기도 하고요.

우리의 목적은 모임에 참석할 사람들을 모으는 일이기 때문에, 팔로워라는 숫자 지표가 주는 압박에서 조금은 자유로워질 수 있었어요. 본질은 사람을 모으는 일이기 때문에 팔로워 수나 콘텐츠 조회 수보다 사람들이 실제로 모임에 참여하는 것을 더 중요하게 생각해요. 팔로워 순증보다는 모임 신청자 수에 더 많이 신경 쓰고, 채널은 사람을 어느 정도 모객할 수 있느냐로 평가하죠. 시간을 두고 차근차근 우리를 좋아하고 모임에 방문해줄 팔로워를 모으세요. 팔로워가 급증해도 모임에 나오지 않는다면 결

° **강요하지 않고 부드럽게 개입해서 고객의 선택을 유도하는 것**

국 허수일 뿐이에요. 그래서 결론! 팔로워에 너무 일희일비하지 말 것. 좋아하면 사람들은 팔로우합니다!

팔로워보다 중요한 것

커뮤니티를 1년 정도 운영하자 LBCC를 애매하게(?) 카피하는 모임이 여럿 생겼어요. '버드'가 들어가는 모임이 생겼다든지, '레이지'를 아이덴티티로 삼은 무슨 클럽이 생겼다는 소식을 종종 듣곤 해요. '뭐라도 조치를 취해야 하는 것 아니냐?'는 우려의 말씀을 해주실 때면 운영진은 늘 비슷하게 대답하곤 해요.

"시작은 쉬워요, 지속하는 게 어렵지…. 그냥 두세요. 시간이 해결해줄 거예요."

라이벌 커뮤니티에 '전혀' 연연하지 않는 이유가 있어요. 우후죽순으로 생긴 커뮤니티들은 1년도 못 가서 활동을 멈추더라고요. 우리가 성장한 것도 있겠지만 알아서 주변이 정리되는 느낌을 더 많이 받았어요. 주변을 신경 쓰지 말고 그냥 하던 일을 묵묵하게, 꾸준히 하면 되더라고요. 우리의 본질은 다른 존재들과의 비교가 아닌, 우리가 하는 일에서 발현되니까요.

윈윈을 위한 제휴의 시간
제휴는 받는 게 아니라 거래다

커뮤니티를 만들고 지속하여 채널의 규모가 커질수록 다양한 제휴 문의가 들어옵니다. 단순한 광고나 협찬 문의도 들어오고요. 정해진 기간 동안 베네핏을 줄 테니 같이 무언가를 해보자는 제안도 들어옵니다. 감사한 일이지만, 모든 제안을 다 받을 필요는 없습니다. 커뮤니티가 지향하는 바와 브랜드 핏이 맞는 제안만 수락하고 대개는 고사하게 됩니다.

LBCC는 대화 모임이기에 공간에 대한 제휴가 많이 들어왔습니다. LBCC는 공간을 채우는 '콘텐츠'를 만드는 커뮤니티이고, 공간은 늘 이런 트래픽이 필요하거든요. 사용자가 늘고 사용 경험이 늘어나야 유료 사용자가 늘어나니까요.

첫 제휴 공간

DM이나 메일로 제안이 들어오는 경우도 많지만 정말 좋은 제안은 구성원들을 통해 연결되고 성사되더라고요. LBCC의 첫 공간 제휴는 앞서 언급한 것처럼 모임 참여자의 소개로 시작했어요. LBCC가 카페에서 모임을 가지던 시절, 주변에 커뮤니티 입점(?)을 원하는 공간이 있다며 핏자 워크라운지를 추천해주셨어요. 그곳과 미팅을 거쳐 첫 번째 제휴를 하게 되었죠.

2023년 7월 17일, 첫 제휴를 하게 되었을 때 정말 기뻤어요. 준원은 이날을 기념하겠다며 인스타그램에 멋들어지게 글까지 써서 올렸더라고요.

한동안 LBCC 인스타그램에 피드 한 줄을 크게 걸어놓기도 했고요. 커뮤니티가 성장하여 새로운 기회와 연결된 것이 감격스러웠거든요. 그렇게 올린 게시물을 보고 이후 다른 공간에서도 계속 제휴 문의가 들어왔어요. 그때부터 LBCC가 논에 물을 대주는 수로가 될 수 있음을 깨달았어요.

제휴는 주고받는 협력

제휴나 제안이 오면 '우리가 무엇을 줄 수 있을지' 먼저 생각한 뒤에 '우리가 받을 수 있는 것'을 저울질하는 게 좋

첫 제휴의 감격이 담긴 게시 글!

아요. SNS 인플루언서가 엄청난 금액의 광고를 받았다는 콘텐츠가 노출되면서, 계정이나 모임의 규모를 키워 돈을 벌어야겠다고 생각하는 사람이 많아진 것 같아요. 그러나 세상은 만만치 않고, 여러분도 알다시피 공짜는 없어요. 〈재벌집 막내아들〉이라는 드라마를 보면 극중 대기업 회장이 이런 말을 하더라고요.

"내한테 없는 기, 니한테 있어야… 그게 거래다. 내가 없는 기 있을 거 같드나."

각자에게 없는 것을 서로 채워주는 것이 거래라면, 제휴 역시 같은 원리로 움직이는 것 같아요. 돈이 오간다기보다는 일종의 협력 관계이지만요. 그래서 '무엇을 줄 수 있을지'를 가장 먼저 생각하게 되더라고요. 얻게 될 베네핏을 우선하기보다 상대방과 윈윈할 수 있는 방안을 고민하는 거죠. 제휴 논의를 할 때 가장 중요한 태도이기도 하고요. (드물지만, 원하는 것이 너무 명확한 나머지 이기적으로 느껴지는 상대방도 있어요. 그런 사람들은 대화 내내 협상에서 우위에 서기 위한 뉘앙스를 풍기니까 주의하세요!) 우리가 줄 수 있는 것에 비해 너무 큰 것을 요구하지는 않았는지, 제휴할 때는 메타 인지를 발동시키는 게 도움이 된답니다.

LBCC가 줄 수 있는 것을 먼저 파악하고 상대에게 무엇이 도움이 될지 생각해서 협상안을 제시하는 경험은 새로웠어요. 사실 첫 제휴 때 좀 막막했었는데 상대방에게 무엇이 가장 중요할지 생각해보니 궁극적으로는 매출이더라고요. 그래서 제휴사가 매출을 내기 위해 LBCC가 직간접적으로 도울 수 있는 협력 방안을 고민하고, 실현 가능한 선에서 해줄 수 있는 것을 생각했습니다. 그래서 LBCC는 어떤 조건으로 제휴를 했냐면요!

제휴는 일반적으로 제공받는 혜택과 제공해야 하는 혜택으로 구분하여 논의해요. LBCC는 공간 제휴 시 모임 공간을 무료 또는 할인된 가격으로 사용하는 방향으로 조율해왔어요. 또한 LBCC 채널에 제휴 소식과 함께 해당 공간을 소개하는 혜택도 필수로 제안하고요. LBCC 채널 콘텐츠에 주목하는 분들 중에는 직장인이거나 모임을 만드는 분들이 많아서 LBCC 채널에 노출되면 다른 모임 기획자들이 해당 공간을 알고 유입될 것이라고 설득했어요. 이에 더해 모임 참여자들이 공간을 방문하고 사용하면서 찍는 사진과 영상들이 스토리 혹은 게시물로 노출되어 간접적인 홍보가 가능하다는 점도 좋은 제안 내용이 되었어요.

 실제로 LBCC를 통해 유입된 분들 덕분에 도움이 되었다는 말을 들으면 그렇게 뿌듯할 수가 없어요. 돌이켜 생각해보면 그때 뿌듯했던 이유는 LBCC가 '줄 수 있는 것'이 있어서였던 것 같아요. 사이드 프로젝트로 시작한 커뮤니티가 점차 성장해 누군가에게 실질적인 도움을 줄 정도로 존재감이 생겼으니까요. 이후 다양한 공간에서 문의가 왔는데, 물론 너무 좋았죠. 그런데 고민이 하나 생겼어요.

 LBCC 모임은 일주일에 한 번만 열려요. 그렇기 때문에 제휴 공간이 다양해져도 LBCC가 실제로 사용하고 채울 수 있는 공간은 일주일에 한 곳뿐이에요. 그리고 제휴 업장에서는 LBCC가 해당 공간에서 모임을 열어야 피부에 와닿는 결과로 이어진다고 말씀하시더라고요. 그 이후로 솔직한 상황을 말씀드리고 그래도 괜찮다고 하는 곳들과 공간 제휴를 맺고 있어요. 제휴를 많이 해서 'LBCC가 이렇게나 많은 제휴 공간을 갖고 있습니다!'라고 알리면 잘 나가는 커뮤니티처럼 보이겠죠. 하지만 한 번도 방문하지 못하는 제휴처가 생기는 건 원치 않아요.

LBCC가 지향하는 바와도 다르죠. 느슨하지만 확실한 연대감을 중요하게 생각하는데 직접 가지 못하면 파트너에게 아무것도 줄 수 없으니까요. 괜히 희망 고문 하고 싶지는 않았어요. 제휴한 결과 파트너가 아무것도 얻지 못한다면 사실은 손해 본 셈이니까요.

여러분이 제휴를 하게 된다면?

여러분이 어떤 채널이나 커뮤니티를 만들어 다른 단체와 제휴를 맺게 된다면, 일단 상대방과 오프라인 미팅을 가지는 것을 추천해요. 인사를 나누고 상대가 괜찮은 사람인지 실제로 만나볼 필요가 있어요. 그 자리에서 결정해야 하는 것은 절대 아니므로 충분한 미팅과 논의를 거쳐 상호 간 협의가 완료되면 메일로도 다시 한번 공유하는 것이 좋아요. 주고받은 메일이 기록으로 남아 계약서를 쓸 때에도 참고 자료가 되니까요. 중요한 내용은 꼭 카톡이나 메일 등으로 남기고 논의에 참여한 이들이 투명하게 확인할 수 있게 하세요!

제휴 기간은 반기나 분기로 정하는 걸 추천해요. 성과

를 측정하면서 도움이 되는지 파악하기에 용이하기 때문입니다. 제휴가 끝날 때마다 성과를 확인해 제휴를 연장할지, 세부 사항을 추가로 조율할지 여부를 정하고요. 제휴 경험은 '프로젝트 메이트'를 구하는 것과는 또 다른 기분이에요. 옆 학교 친구를 만드는 기분이랄까…. 여러분도 이 기분을 꼭 느껴보면 좋겠어요.

Doing Kit

제휴 미팅 전 체크 리스트
미팅 전, 중, 후로 고민해야 하는 내용을 정리했어요!

구분	내용 (항목별 5문항)
제휴 목적 및 방향 설정	☐ 상호 간 제휴를 통해 얻고자 하는 목표가 명확한가? ☐ 우리의 가치와 방향성에 부합하는가? ☐ 서로에게 도움이 되는 협력 관계인가? ☐ 제휴사가 기대하는 것보다 우리가 더 많이 요구하고 있지는 않은가? (메타 인지 점검) ☐ 일회성인가, 단기인가, 장기간 협력인가?
우리가 제공할 수 있는 가치 정리	☐ 우리가 제휴사에게 줄 수 있는 실질적인 혜택이 있는가? ☐ 우리 채널을 통한 홍보 및 노출 방식이 합리적인가? ☐ 제휴사가 기대하는 바와 우리가 제공할 수 있는 것이 서로 균형을 이루는가? ☐ 제휴사가 우리를 통해 얻을 수 있는 가치는 실제로 효과적인가? ☐ 제휴가 우리가 감당할 수 있는 범위를 벗어나지는 않는가?
제휴 조건 조율 및 실행 가능성	☐ 제휴처와 제휴 내용 논의 시 협의한 내용을 문서화(카톡, 메일, 계약서 등) 했는가? ☐ 제휴 후 원활한 커뮤니케이션을 유지할 수 있는가? ☐ 제휴 조건(혜택 및 의무 사항)이 현실적인가? ☐ 커뮤니티원들이 실제로 활용 가능한 혜택인가? ☐ 제휴가 커뮤니티 운영에 부담이 되지는 않는가?
제휴 운영 및 성과 관리	☐ 상호 간 제휴 성과를 평가할 방법(매출, 방문자 증가 등)을 정했는가? ☐ 제휴 기간을 설정하고 성과에 따라 연장 여부를 결정할 수 있는가? ☐ 제휴를 통해 커뮤니티의 실질적인 성장이 가능한가? ☐ 사용성이 낮아 제휴 희소성을 떨어뜨릴 가능성이 있는가? ☐ 제휴가 단순 홍보 이상의 의미를 가지도록 기획 및 운영되었는가?

커뮤니티를 확장하는 나름의 방식
모임을 요구하는 사람들이 늘어났다, 어쩌지…

 모임 신청자가 많아졌어요. LBCC에 관심을 갖고 모임에 신청하시는 분들이 많아진 거죠. 모임을 열고 싶다는 제안을 주신 분들도 계세요. 정말 너무 기분 좋은 이야기죠. 그런데 정규 모임은 주 1회이고 호스트와 운영진을 제외하면 모집 가능 인원은 많아야 13명…. 어느새 신청 경쟁률이 3:1 정도로 높아졌어요. 상황이 이렇다보니 참여하고 싶은데 탈락해서 아쉽다며 한 번 더 열어주면 안 되냐는 요청도 있었어요. 다시 생각해도 감사한 일이죠.

 그래서 모임을 조금 다변화해봐야겠다는 생각으로 이

어졌어요. 모임 내용을 달리 가져가는 것도 좋지만, 다른 지역으로 확장하는 방향도 생각했어요. 멤버들 사이에서는 호스트 없이 우리끼리 자유롭게 대화하자는 의견도 나왔고요. 연말 파티가 끝난 후 알아서 뒤풀이에 가거나 멤버들끼리 신년회나 번개 모임을 만들기도 합니다. 이렇게 멤버 혹은 지인들의 제안으로 다양한 모임이 만들어지며 LBCC 커뮤니티가 확장되기 시작했어요.

그중에서 특히 LBCC 부산은 현재 부산에서 가장 활발하게 운영되는 커뮤니티로 성장했어요. 이렇게 모임이 확장되어 다양한 사람들을 수용할 수 있게 되었기에 LBCC의 또다른 성장 모멘텀으로 소개해봅니다.

타 지역으로 확장

로컬 진출은 부산이 시작이었어요. LBCC가 서울에서 자리잡기 위해 고군분투하는 것을 본 소연의 친구가 부산에서도 중니어를 모아보겠다며, IP를 공유할 수 있는지 물었어요. LBCC 서울과 부산이 연대하면서 교류하면 커뮤니티의 긍정적인 확장이 가능하겠다고 생각했죠. 그렇게 LBCC 부산이 시작됐어요. 부산 운영자가 LBCC 서울 모임에 참여하며 운영진에게 운영 방식과 노하우를 전수받았습니다. 부산과 서울을 자주 오갔던 덕분에 생각보다 빨리 LBCC 부산을 시작할 수 있었죠.

재밌는 점은 LBCC 서울과 부산의 차이예요. 서울에서는 주로 중니어 직장인 또는 비슷한 연령대의 창업한 분들이 모인다면, 부산은 대부분이 자영업자입니다. 삶의 형태가 다른 이들이 모인 덕에 LBCC는 더욱 다양한 중니어의 삶을 포용하고 연결하는 대화의 장이 되었죠. 지금도 부산 LBCC는 한 달에 두 번 정도 모임을 열어요. 서울 운영진과 멤버들이 이곳에 모이는 중니어를 만나러 부산에 방문한 적도 있었죠. 이후에도 종종 서울 운영진이 부산에 방문하고, 부산 운영진도 서울 모임에 참석하곤 해요. 지역 간 거리가 문제될 거라 생각했는데, 문제라고 생각한 것이 문제였더라고요. 우리는 여전히 LBCC 안에서 느슨하지만 단단한 연대감을 키우고 있었던 거 같아요.

이후 LBCC 대전으로 확장하는 계획에 대해서도 논의한 적이 있어요. LBCC 서울의 멤버 중 한 분이 대전에서 LBCC의 DNA를 바탕으로 커뮤니티를 만들고 싶다는 감사한 의견을 주신 거예요. 흔쾌히 해보자고 했지만 대전 진출은 아쉽게도 여러 이유로 무산되었어요. 이 과정을 겪으면서 다른 지역의 중니어들에게 우리가 새로운 가치를 줄 수 있겠다는 가능성을 발견함과 동시에 서울, 부산, 대전 중니어들의 니즈가 다르다는 사실을 알게 됐어요. 커뮤니티 확장이란 그 지역을 총괄할 사람의 에너지가 많이 들어간다는 사실도요. 특히 커뮤니티의 아이덴티티를 지켜나가기 위해서는 브랜드 매뉴얼처럼 아이덴티티를 정의하는 문서가 필요하겠더라고요(이것도 일… 흑흑… 다 울었니? 이제 할 일을 하자…).

아쉽게도 대전 진출은 실현되지 않았지만 LBCC가 지역 중니어들의 구심점이 될 수 있다는 사실은 운영진에게 큰 기쁨과 동기를 주었어요. 미국 뉴욕에 있는 멤버는 농담 삼아 외국에서 모임을 만들자는 이야기도 해요. LBCC 뉴욕, LBCC 런던, LBCC 도쿄, LBCC 타이베이…. 상상의 나래를 펼치다보면 재밌기도 하고 우리가 또 어떤 지역에서 어떤 중니어들을 연결하게 될지 흥분되기도 합니다. 실제로 이루어질지는 알 수 없지만 앞으로도 다른 지역에서 커뮤니티를 확장할 기회가 생긴다면 LBCC는 다양한 지역 중니어 연결의 축이 되어 함께 성장하고 싶어요.

모더레이터 발굴의 이슈

커뮤니티를 확장하기 위해 모임을 다양하게 늘리려면 모더레이터 발굴이 필수라는 생각이 점점 커졌어요. 모더레이터는 임기응변 중에서도 재치와 언변이 특히 뛰어나야 해요. 준원이 딱 그런 사람이었던 터라 LBCC 정규 모임 운영에 큰 어려움이 없었어요. 준원이 아닌 다른 사람이 모더레이팅을 하면 대화 모임 경험이 다를 수 있음을 LBCC 부산에서 느끼게 되었죠.

기존 LBCC 모임은 정형화되지 않고 모더레이터 준원의 개성이 드러났기 때문에 쉽게 고유성을 가질 수 있었어요. 그렇기에 준원이 아니면 모임의 퀄리티를 보장하기 어렵겠다는 생각을 했습니다. 그래서 이후 확장을 이야기할 때마다 호스트 발굴과 함께 모더레이터 발굴이 중요한 이슈가 되었어요. 나름의 고민을 통해 얻은 결론은 '커뮤니티 확장의 성공 여부는 양질의 모더레이터를 얼마나 확보했느냐로 판가름 난다'였어요. 단순히 말 잘하는 사람이 아니라 LBCC의 정체성을 이해하고 공감하면서도 선을 잘 지키고, LBCC라는 커뮤니티와 공명하며 사명감을 갖고 모임을 운영하는 사람이 필요했죠.

 커뮤니티를 확장하고 브랜드로 키우기 위한 모더레이터 이슈의 해결책은 결국 인재 발굴이 아니라 모더레이팅 규격화(매뉴얼화)와 인재 양성에 있겠다는 생각이 스쳤어요. 이걸 해내면 큰 폭으로 LBCC 스케일업이 가능하겠다는 생각도 뒤따랐죠. 준원이 우스갯소리로 좋은 모더레이터의 싹이 보이는 멤버를 찾으면 도제식으로 비법을 전수하겠다고 말하곤 하는데, 다른 지역에서 동시에 진행할 게 아니라면 모더레이팅 매뉴얼은 언젠가 꼭 만들어야 할 문서라고 생각해요. 혹시 모르죠, 이 책에 이어 언젠가《모더레이팅의 기술》이 나올지도?

지속 가능한 커뮤니티를 위한 노하우
오래가고 싶다면, 오래 할 수 있는 장치를 마련해야 해요

주말마다 모임을 운영한 지 2년이 넘으니 종종 이런 질문을 받곤 합니다.

"어떻게 매주 꾸준히 모임을 운영하세요? 정말 대단해요."

딱히 대단할 것이 없어서 이런 이야기를 들을 때마다 머쓱해요. 20년도 아니고 고작 2년 남짓 해왔을 뿐이니까요. 요즘은 트렌드가 워낙 빠르게 바뀌고 새로운 것들이 생겼다가 사라지는 주기가 짧아져서 고객들에게는 2년도 길게 느껴질 수 있겠다는 생각도 듭니다. 어찌 되었든, 이런 질문 덕분에 어떻게 LBCC를 2년 넘게 유지할 수 있었는지 생각해볼 수 있었어요. 대단한 결의보다는 일상의 습관 덕분이 아니었나 싶어요.

일상의 항상성을 높이기 위해 가장 중요한 것은 '루틴'이라고 생각해요. 루틴을 만들고 예외 없이 지키겠다고 스스로 약속한다면 스멀스멀 피어오르는 유혹에 휩쓸리지 않을 수 있죠. 모임을 운영하는 사이드 프로젝트에도 해당되는 이야기예요. 가만히 생각해보니 LBCC에도 모임을 지속하게 하는 루틴들이 있더라고요. LBCC가 지키는 루틴에 대해 이야기해볼게요.

1월 첫 모임은 '게으름'을 찬양하며 초심 다지기

1월 첫 모임은 무료로 진행하고 있어요. 유료 모임으로 전환한 뒤에도 쭉 1월 첫 일요일의 모임은 무료예요. 그렇게 정한 이유는 운영진도 좀 쉬며 느긋하게 대화에 참여하고 싶기 때문이에요. 사람들을 만나 수다 떨거나 남의 이야기 듣는 것을 좋아하는 성격 때문에 정한 운영 루틴이기도 해요. 이야기 나누고 싶어서 만든 모임인데 주로 진행하는 포지션을 맡기에, 가끔은 마음 터놓고 편안하게 대화하는 시간도 필요했어요.

또 하나 특별한 점이라면 1월 첫 일요일 모임은 가급적 '게으름'을 주제로 담아요. 그동안 '새해 계획 전 게으름을 생각하는 이유', '새해가 별건가요?'라는 주제로 진행했어요.

보통 연말에는 한 해를 정리하며 되돌아봅니다. 1월이 되면 새해라는 이유로 없던 에너지를 끌어올려 서점에 가서 책도 사고, 버킷 리스트도 작성하고, 한 해 계획을 세우고요. 언제부턴가 이런 일이 이상하게 느껴졌어요. 단지 어제는 12월 31일이고, 오늘은 1월 1일일 뿐인데 이렇게 분위기가 바뀌어도 되는 건가? 아직 새해를 맞이할 마음의 준비가 되지 않았는데! 시간은 무빙워크처럼 멈춤 없이 흘러가는데 1월이 찾아오면 컨디션도 갑자기 쌩쌩해져야 한다는 건가? 이런 생각에 마음이 늘 복잡했거든요. 혼자만 그런 건 아닐 거라 생각했어요. 같은 생각을 가진 사람들과 이야기 나누면 이러한 감정 또한 가져도 된다는 '용기'를 얻을 것 같았고요.

역시나 같은 생각을 가진 사람들끼리 모이면 대화가 재밌어져요. 인간은 원래 천성이 게으르다, 그게 당연하다, 돈과 미래에 대한 걱정이 없다면 6개월간 누워 있어도 아주 행복할 것이다, 같은 이야기를 나누며 게으름을 찬양하곤 합니다. 모임이 끝나고 돌아가면 다들 누구보다도 성실하게 열심히 살 것을 알기에 조금만 여유를 갖자고, 남들보다 조금 늦게 시작해도 나의 속도로 한 해를 살아내는 데 아무런 문제가 되지 않는다고 서로 위안하죠. 모두가 평안하길 바라는 마음으로 매년 1월 첫 일요일은 게으름을 찬양합니다.

LBCC에도 방학이 있다는 사실!

모든 일을 지속 가능하게 만들기 위해서는 일단 잘 쉬어야 한다는 것이 두 운영진의 원칙이며, 이는 LBCC에도 적용됩니다. 누군가는 멈추면 다시 예열하는 데 오래 걸리기 때문에 쉼 없이 일하고, 또 그것을 자랑스러워하기도 해요. 하지만 인간은 기계가 아니니까요. 그런 의미로 LBCC는 반년에 한 번씩 방학을 가져요. 6월 또는 7월은 여름 방학, 12월은 겨울 방학으로 LBCC의 문을 닫고 재정비 시간을 갖습니다.

방학을 갖기로 결정한 건 매주 쉬지 않고 모임을 오픈한 지 1년 반 정도 된 시점이었어요. 인사이트가 충만한 대화를 나누고 반가운 사람들을 만나도, 돌아서면 어딘지 모르게 공허하고 매너리즘에 빠지는 느낌이 들었어요. 본업에서의 갈증을 해소하기 위해 시작한 사이드 프로젝트도 1년이라는 사이클이 지나고 2년 차가 되니 익숙해진 거죠. 즐겁게 시작한 사이드 프로젝트인데 주말이 자꾸 무겁게 느껴지기 시작했어요. 사람과 대면하는 일이기에 지친 상태가 지속되면 그것이 참여자에게도 고스란히 전해질 것 같아 우려됐고요. 그래서 고민 끝에 상반기와 하반기 한 달씩 방학을 갖자는 제안을 내놓았죠.

처음에는 한 달간 문을 닫으면 금세 잊혀서 사람들이 다시 찾아오지 않을지도 모른다는 두려움이 있었어요. 그래서 둘이 격주로 번갈아 운영하면 어떨까 생각하기도 했는데, 의미 있는 경험을 제공하려면 먼저 운영진 자신이 최적의 상태여야 한다는 점을 깨달았습니다. 용기 내어 잠시 멈추기로 했어요. 결과적으로, 한 달 운영하지 않아도 아무 일 없었어요. 심지어 알아채지 못한 분도 많았어요(☺). 다시 문을 열었을 때 LBCC를 기다려준 분들이 반가운 마음으로 또 찾아와주셔서 고마움과 안도감이 들었고요. 운영진은 한층 활기찬 에너지로 참여자분들을 맞이했죠. 이 과정을 통해 잠시 멈춰도 아무 문제 없다는 사실을 깨달았어요. 그저 잠시 쉬어갈 '용기'만 있으면 되더라고요.

연말에는 감사의 편지와 드립백, 그리고 파티

처음 연말을 맞이했을 때 운영진은 1주년을 기념하고 싶은 마음에 멤버들에게 무엇을 해주면 좋을지 이야기를 나눴어요. 성대한 장소에 모두를 초대하는 연말 파티 겸 네트워킹 파티를 마련할 수도 있지만, 문득 LBCC다움이 느껴지는 뜻밖의 선물을 전하면 좋겠다는 생각이 들었죠.

한 해를 돌아보면서 생각나는 고마운 멤버가 참 많았거든요. LBCC가 아니었으면 몰랐을 사람들인데 우연히 모여서 함께 시간을 보내고 있다는 게 의미 있게 느껴졌어요. LBCC를 통해 연결되어 있음을 소소하게나마 느끼길 바랐습니다.

그런 마음과 의미를 담아 LBCC의 마스코트인 오목눈이를 넣어 디자인한 편지지에 정성스러운 손 편지를 썼어요. 그리고 '커피클럽' 정체성에 어울리는 드립백을 함께

넣어 커피 향 가득 머금은 편지를 부쳤습니다. 디지털 시대, 우편함에 손 편지가 꽂혀 있는 것만으로 얼마나 설렐까 상상하면서요.

너무나 빠르게 메시지를 보낼 수 있는 시대에 며칠을 기다려 편지를 받고, 진심을 꾹꾹 눌러 담은 손 글씨를 읽는 경험이 LBCC에 대한 애착을 깊게 만들었으리라 믿어요. 받는 대상을 한 명 한 명 떠올리며 당시 60여 명이었던 멤버들에게 각기 다른 내용으로 손 편지를 썼습니다. '모임에 나오든 나오지 않든 우리는 LBCC 멤버인 당신을 잊지 않았다'는 메시지를 남기고 싶었는데 잘 전해진 것 같아요. 많은 분이 만족하셨거든요. 멤버들의 인증 사진을 보며 참 뿌듯하더라고요.

새롭게 시작하기는 쉽지만 지속하기는 어렵다는 사실을 LBCC를 운영하며 더 절실히 느낍니다. 비가 오나 눈이 오나 문을 열고 손님을 맞이하는 가게 주인장의 기분이 이럴까 싶어요. 강인한 힘은 '어떤 일이 있어도 제시간에 하던 일을 지속하는 것'에서 나온다는 걸 많이 느껴요. 꾸준함의 재능은 그 어떤 재능보다 대단하답니다.

연말 손 편지 인증 모음.
감동 주기 성공!

EPILOGUE
게지런히 나아가는 사람을 위하여

 책을 모두 읽고 마침내 이곳에 이르셨군요. 축하합니다. 우리의 기술이 여러분의 감각에 잘 맞았는지 궁금하네요. 어떤 글로 마무리할까 고민하다가 문득, 이 책의 기획 단계에서 '우리가 어떻게 책까지 쓰게 됐지?'라고 질문했던 때를 떠올렸습니다. 지난 2년을 되돌아보면, 계획적이고 정돈된 흐름 안에서 움직이기보다 혼란 속에서 고민하고 대응하느라 분주했던 날들이 많았습니다. 필요할 때마다 이것저것 꺼내 쓰다보니 어느덧 어수선해졌지만 어디에 무엇이 있는지는 다 알고 있는 책상 같달까요? 남이 보면 정리가 필요해보일지 몰라도 그 안에서 우리는 길을 찾았습니다. LBCC를 만들며 생각하고 실행에 옮겼던 이야기들을 마치 어질러진 책상을 정돈하듯 톺아보며 이 책을 써 내려갔습니다.

  모임을 처음부터 잘 만들었던 건 아닙니다. 하지만 걸어온 길을 펼쳐보니, 언제가 오르막이었고 언제가 힘든 순간이었는지 선명하게 보입니다. 지나온 길이 헛되지 않았다는 생각에 뿌듯한 마음이 들고요. 무엇보다도, 그 길을 함께 걸어준 분들이 있었기에 이 모든 기록이 가능했습니다. LBCC에서 다양한 이야기를 나누고, 영감을 주고받으며, 커뮤니티의 일원이 되어 적극적으로 참여해주신 분들 덕분입니다. 이 자리를 빌려 LBCC를 찾아와주신 모든 분께 진심으로 감사의 마음을 전합니다. 이 책은 모임을 시작하는 여러분을 가르치는 교재가 아니라 우리가 걸어온 길을 기록한 지도에 가깝습니다. 조금 먼저 모임과 커뮤니티를 만들어간 두 사람이 남긴 이야기라고나 할까요?

  모임을 만들어보면 금방 깨닫게 될 겁니다. 여러분의 여정도 아마 우리와 크게 다르지 않을 거예요. 시작은 가볍지만 한 걸음 내디디고, 시행착오를 겪으면서 또 한 걸음 내딛는 과정의 연속이겠죠. 우리가 마지막으로 전하고 싶은 건, 우리의 경험을 참고 삼아 여러분도 더 나은 모임을 꿈꾸고, 실행하고, 꾸준히 계속하길 바란다는 응원입니다. 지속적으로 이어가는 일이 생각 이상으로 어렵거든요. 하지만 멈추는 건 언제든 할 수 있으니 오늘은 굳이 한 걸음 더 나아가는 거죠. 걷다보면 어느새 여러분의 모임과 커뮤니티는 성장해 있을 것이고, 여러분에게도 더 많은 이야기가 쌓일 것입니다.

모임을 운영하다보면, 예상보다 큰 규모로 성장할 수도 있고, 때때로 실망스러운 순간을 마주하기도 할 거예요. 하지만 좋은 모임을 만드는 사람이라면 한 번의 경험에 흔들리지 않고 다음 모임을 준비하며, 모인 사람들과 무엇을 나눌 수 있을지를 고민하게 됩니다. 그런 꾸준한 고민과 실행이 결국 모임을 지속시키는 힘이 되죠. 이 동력은 거창한 비전보다는 지금 해야 할 일을 묵묵히 해내는 것, 그리고 필요할 때 도움을 요청하는 것에서 비롯되는 경우가 많습니다. 모임을 조금이라도 더 오래 지속하고 싶은 기획자의 마음에서 우러나는 힘이 아닐까요? 그렇게 만들어진 모임과 커뮤니티는 또 다른 좋은 형태의 모임으로 이어질 것입니다. 매번 그렇게 보람과 용기, 그리고 해야 하는 이유들을 벗 삼아 모입시다. 그리고 가능한

한 오래, 여러분의 모임을 지속하시길 바랍니다.

 이 책을 마치며 여러분에게 말을 건네고 있지만, 어쩌면 우리 스스로에게 하는 이야기인지도 모르겠습니다. 꾸준히, 하던 대로 가던 길을 가자. 모임을 만들고 사람들을 모아 함께 즐거운 시간을 보내자. 스스로에게 던지는 다짐 같기도 하네요. 돌아보니 잘 걸어왔고, 이제 또 신나게 앞으로 나아갈 일만 남았습니다. LBCC 모임은 앞으로도 그렇게 이어질 겁니다. 모임과 커뮤니티의 여정 속에서 언젠가 동료로, 동종업계 사람으로 만나 반갑게 인사할 날이 오기를 바랍니다. 누군가에겐 게으른 듯 보일 수도 있지만, 우리는 언제나 부지런히 모임을 만들어가고 있을 겁니다. 그리고 여러분 역시 시행착오 끝에 자신만의 이야기를 발견하고, 기록하며, 새로운 길을 만들어가길 기대합니다.

 만약 책을 읽고 더 궁금한 점이 있거나 우리의 '지금'이 궁금하다면? 언제든 LBCC 모임에 참여하시거나, 인스타그램 @lazybirdcoffeeclub으로 DM을 보내주세요. 여러분의 참여와 이야기를 언제나 기다리고 있겠습니다.

Archive LAZY BIRD COFFEE CLUB ARCHIVE
역대 모임 주제 아카이브

1. 잘 쉰다는 건 뭘까요?
2. 새해가 별건가요?
3. 일하는 나를 돌보는 시간을 갖고 있나요?
4. 슬램덩크에서 발견하는 팀워크
5. 브랜드디깅클럽 - 새롭게 떠오르는 브랜드는 뭐가 다를까?
6. 되는 일의 가능성을 빠르게 검증하는 방법
7. 일상에서 트렌드 발견하는 법
8. 브랜드디깅클럽 - 지역과 시간을 담은 맥주, 와일드웨이브
9. 공공기관에서 스타트업으로 이직해서 알게 된 것들
10. 나의 브랜드 가치를 높이는 방법
11. 브랜드디깅클럽 - 우리 다시 사랑할 수 있을까?
12. 브랜딩하지 않는 브랜드
13. 23년 1분기 나의 회고일지
14. 브랜드디깅클럽 - 더 나은 아이스크림 생활을 위해, 녹기 전에
15. 프로이직러가 알려주는 포트폴리오 브랜딩
16. 이유 없는 리브랜딩은 없다
17. 영화 콘텐츠가 관객을 만나기까지의 여정
18. 대기업 퇴사하고 자영업자로 살아남기 썰
19. 브랜드디깅클럽 - 모두가 아는 브랜드가 BX에 진심인 이유
20. 사이드 프로젝트에서 본업이 되기까지의 주말랭이 성장기
21. 25만 팔로워의 선택을 받을 수 있었던 이유, 인플루언서 여행소희
22. 사이드 프로젝트 하는 사람 모여라!
23. 23년 2분기 나의 회고일지
24. 당신의 생각을 책으로 만들고 싶다면?
25. 음원이 당신에게 닿기까지 마케팅 여정
26. 누구나 카피라이터인 시대, 직업인으로 살아남기

27	3분기, 4분기 느슨한 목표 달성 모임
28	대학내일피셜, 2023 상반기 트렌드 총정리
29	2023 칸 광고제 코멘터리 - 내 눈에 띈 라이징 키워드 & 트렌드
30	스몰 브랜드들을 위한 공간 기획 A to Z
31	인공지능이 내 삶에 어디까지 개입될까?
32	아나운서가 알려주는 말하기가 아니라 말 전달하기
33	브랜드 시대, 마케터의 무기는 뭘까?
34	에어비앤비로 두 번째 월급 벌기
35	올해는 이직… 해야 할까?
36	브랜드 디깅 클럽 - 찾아오는 인생술, 술담화
37	브랜드 디깅 클럽 - 왜 햄버거를 5시간 기다리며 먹을까?
38	2023년 3분기 회고일지
39	커뮤니티가 브랜드를 이끄는 방법
40	브랜드를 만든다는 것은 대체 뭘까?
41	디자이너의 창업, 홀로서기를 위해 알아둘 것들
42	당신은 아직 알 수 없는 퇴사 후에 오는 것들
43	브랜드 디깅 클럽 - 올드한 건기식 시장에 긴장감을 주는 브랜드
44	브랜드 가치를 공간에 담아내는 방법
45	주니어의 딴짓 - 요즘 무슨 딴짓 하세요?
46	2024 Z세대 트렌드 키워드는 어떻게 만들었을까?
47	신생 브랜드의 사적인 창업이야기 - 논알콜 주류 플랫폼 마켓노드
48	브랜드 디깅 클럽 - 로 서울
49	LBCC 모닝 글쓰기 클럽
50	훅 끌어당기는 콘텐츠 마케팅
51	2023년 4분기 회고일지
52	새해 계획 전 게으름을 생각하는 이유
53	새로운 마음으로 새해 계획 대신 퇴사 계획하기
54	브랜드 미디어 운영, 이렇게 해야 소비자에게 닿아요
55	제로에서 시작하는 공간 대여 사업 노하우!
56	글로벌 브랜드 가이드라인 안에서 일 해내는 법
57	초보 사장/대표의 기쁨과 슬픔
58	좋은 기분을 지속 가능하게 전달하는 방법
59	숏폼 무한 경쟁시대, 1천만 뷰 만들기까지의 시행착오

60	낭만의 섬 제주, 과연 낭만으로 먹고 살 수 있을까?
61	그래서 이 콘텐츠가 브랜드에 도움이 될까?
62	쓰임새가 넓지만 뾰족한 기획자가 되려면?
63	잼 만들기 위해 100번 거절당할 때도 마음을 다잡았던 방법
64	커리어를 위해 이직을 생각한다면 전략적으로 '이것'부터 생각하세요
65	콘텐츠 마케터와 콘텐츠 에디터, 그 사이의 일
66	두 번 방문하게 만드는 매력적인 공간 기획법
67	언젠가 작가가 되고 싶다면 알아두어야 할 것들
68	패션을 사랑한 공학도가 바이어가 되기까지의 과정
69	비전공자 마케터로 살아남는 방법
70	그래서 브랜딩이 필요합니다
71	동업으로 시작한 사이드잡, 오래갈 수 있을까?
72	더이상 미룰 수 없다 우리의 퇴사 계획
73	마케터였던 내가 이세계에선 UX라이터?
74	주4일제 가능? AI가 우리의 퇴근 시간을 얼마나 앞당길까?
75	온라인 커뮤니티를 오프라인 경험으로 잇는 기획과 디자인
76	결국, 오프라인
77	감도를 높이는데 바우하우스가 필요한 이유
78	스몰 브랜드가 살아남는 방법, 브랜드 텔링
79	중니어가 마주한 워킹맘이라는 세계
80	나에게 딱 필요한 트렌드를 읽는 법
81	캐릿 에디터의 눈길을 끄는 콘텐츠 잔기술 공유회
82	성장 곡선을 그리는 캐치테이블의 그로스 마케팅
83	롱블랙, 브랜드를 만들어가는 마음
84	팬의 마음을 움직이는 뉴스레터 브랜드가 되는 방법
85	에디터의 글쓰기 근력은 어디서 올까?
86	언젠가 내 브랜드를 시작하고 싶다면 회사원일 때 길러야 할 역량
87	레퍼런스 없는 것 만들기 : THE MONEY BOOK 비하인드
88	올해를 잘 살았는지 회고하기 위한 3가지 질문
89	무경계로 살아가며 나의 색깔을 찾아낸 방법
90	2024년을 회고하기 위한 3가지 질문
91	새해 같지 않은 새해, 무기력 팬데믹 속 동기부여 찾기
92	브랜드가 CX 전략에 몰두하는 진짜 이유

93	일태기 중니어에게 필요한 믿음 문장
94	좋은 팀장이 되고 싶다는 생각, 그 이후의 일
95	고객은 무엇을 보고 구매를 결정할까?
96	맞벌이 부부가 동반 퇴사 후 발견한 멋진 신세계
97	K팝 아이돌 산업이 고객의 오감을 끌어당기는 디테일
98	0에서 5만까지 풋풋레터가 성장 단계별로 구독자를 모은 비결
99	나다움과 성공의 균형 찾기
100	모임과 커뮤니티를 만드는 기술

작은 모임에서 다시 찾는 커뮤니티로

모임의 기술

초판 발행 ㅣ 2025년 5월 26일
초판 2쇄 ㅣ 2025년 7월 11일

지은이 ㅣ 서준원, 김소연
발행인 ㅣ 이종원
발행처 ㅣ ㈜도서출판 길벗
브랜드 ㅣ 리드앤두 READ ⋏ DO
출판사 등록일 ㅣ 1990년 12월 24일
주소 ㅣ 서울시 마포구 월드컵로 10길 56(서교동)
대표전화 ㅣ 02)332-0931 | 팩스 ㅣ 02)323-0586
홈페이지 ㅣ www.readndo.co.kr | 이메일 ㅣ hello@readndo.co.kr

리드앤두 ㅣ 김민기, 이정, 연정모
제작 ㅣ 이준호, 손일순, 이진혁
유통혁신 ㅣ 한준희 | 영업관리 ㅣ 김명자, 심선숙 | 독자지원 ㅣ 윤정아

디자인 ㅣ 스튜디오 고민 | 전산편집 ㅣ 김정미 | 교정교열 ㅣ 이정주 | 인쇄 및 제본 ㅣ 정민

· 리드앤두는 읽고 실행하는 두어들을 위한 ㈜도서출판 길벗의 출판 브랜드입니다.
· 이 책은 저작권법의 보호를 받는 저작물로 이 책에 실린 모든 내용, 디자인, 이미지, 편집 구성은
  허락 없이 복제하거나 다른 매체에 옮겨 실을 수 없습니다.
· 인공지능(AI) 기술 또는 시스템을 훈련하기 위해 이 책의 전체 내용은 물론 일부 문장도 사용하는 것을
  금지합니다.
· 잘못 만든 책은 구입한 서점에서 바꿔 드립니다.

Ⓒ 서준원, 김소연, 2025

ISBN 979-11-407-1336-3 (03320)
(길벗 도서번호 700005)

정가 17,000원

독자의 1초를 아껴주는 길벗출판사

(주)도서출판 길벗 | IT교육서, IT단행본, 경제경영, 교양, 성인어학, 자녀교육, 취미실용 www.gilbut.co.kr
길벗스쿨 | 국어학습, 수학학습, 어린이교양, 주니어 어학학습, 학습단행본 www.gilbutschool.co.kr

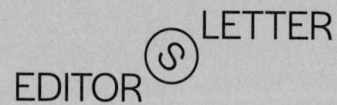

모임 프로참석러가 여기 있습니다. 지난 주에는 서로 다른 곳에서 열린 두 건의 낭독 모임에 다녀왔고, 이번 주에는 독서 모임에 갑니다. 회사 내 월요 영어 스터디에도 참여하고 있고요. 5월에는 영어 필사 챌린지와 동네 카페에서 열리는 연극 모임에 신청해볼 생각이에요.

저는 왜 이렇게 모임을 찾는 걸까요? 새로운 사람 앞에서 낯을 가리고, 달변가는 못 되어서 뚝딱거리곤 하는데도요(소문자 e랍니다). 그 이유를 찾아보자면 결국 연결에 대한 기대감 때문일 것 같아요. 바빠 살다보면 관심 있는 주제로 사람들과 만날 수 있는 기회가 너무 적잖아요. 매일 회사에서 만나는 동료들과는 당장 업무 얘기로 바쁘고, 자연스럽게 새 친구를 만날 기회는 없다시피 하고요.

실은 저도 모임을 열어본 적이 몇 번 있어요. 독서 모임, 시즌과 어울리는 시 골라 읽기 모임 등등요. 하지만 모임을 한 번 여는 건 쉬워도, 사람들을 계속 오게 만드는 건 어렵더라고요. 시들해지지 않게끔 하려면 지속적인 땔감이 필요한 것 같았어요. 모임장에게도, 모임원들에게도요. 저는 그 땔감을 찾지 못한 거고요.

《모임의 기술》은 먼저 모임과 커뮤니티를 운영해본 두 작가님이 모임의 '땔감'에 대해 알려주는 책입니다. 어떻게 사람들에게 우리 모임의 비전을 부담스럽지 않게 전달할지, 어떤 방식으로 편안한 대화의 장을 만들지, 또 어떻게 이들과 계속 연결될지… 2년 반 동안 셀 수 없이 많은 고민과 시도가 있었더라고요. 조금씩 그러나 꾸준히 나아간 덕에 ('게지런' 정신!) 이제는 2,000명의 '중니어'가 모이는 어엿한 커뮤니티로 자리잡았고요.

'나도 언젠가 모임 한 번 해볼까?' 마음속에 그런 고민을 품어본 적 있는 두어님께, 이 책은 옆에서 쾌활하게 이야기 건네주는 선배가 되어줄 거예요. "우리는 이렇게 해봤는데, 이런 점은 좋았고 이런 점은 아쉬웠어"라고요. 마침 오늘, 작가님과 만나 마지막으로 원고 이야기를 나누었는데요. 어제 LBCC 100번째 모임을 마치고 멤버들과 멋진 한때를 보내셨더라고요. 그 말씀을 전하는 작가님의 눈빛이 누구보다 반짝여서, 저도 함께 마음이 두근댔습니다. 《모임의 기술》을 통해, 두어님께서도 그 활기를 경험하실 수 있기를 바라겠습니다.